中等职业教育“十四五”规划教材
中等职业学校会计事务专业核心课程教材

财务数据处理

——Excel 在会计中的应用

主　编　黄铁军
副主编　陈鹏抟　叶家明　陈淑清

中国石化出版社
HTTP://WWW.SINOPEC-PRESS.COM
中国经济出版社
CHINA ECONOMIC PUBLISHING HOUSE
·北 京·

内 容 提 要

本书基于工作过程，以项目引领、任务驱动的工作方式进行结构编排和组织教学，以财务人员工作过程中涉及的Excel应用为载体，设计了高效规范地制作财务表格、财务人员应掌握的函数、财务数据分析与处理、财务信息的图表应用4个基础学习任务和固定资产管理、工资薪金管理、往来账款管理与分析、财务报表指标计算与分析4个实例训练任务及一个竞赛项目的介绍，每个项目紧紧围绕项目要求，以学习成果为导向，基于实际工作流程、技术规范，配置工作任务单、技能练习文档和知识点介绍，引导学生开展项目自主学习。

本书可作为中职、技工院校、高职院校会计事务、会计及财务管理等相关专业的教材或教学参考书，也可供中小企业财务、仓储、配送、营销、管理等相关人员培训使用。

图书在版编目（CIP）数据

财务数据处理：Excel在会计中的应用／黄铁军主编. —北京：中国石化出版社，2024.1

ISBN 978-7-5114-7265-6

Ⅰ.①财…　Ⅱ.①黄…　Ⅲ.①表处理软件－应用－会计　Ⅳ.①F232

中国国家版本馆CIP数据核字（2024）第254110号

中国石化出版社出版发行

地址：北京市东城区安定门外大街58号

邮编：100011　电话：(010) 57512500

发行部电话：(010) 57512575

http：//www.sinopec-press.com

E-mail：press@sinopec.com

宝蕾元仁浩（天津）印刷有限公司印刷

全国各地新华书店经销

*

787毫米×1092毫米 16开本 9印张 210千字

2024年2月第1版 2024年2月第1次印刷

定价：38.00元

目 录

导 言 /001

学习情境 1 夯实基础

学习情境 2 工作实战

学习情境3 竞赛参与

导　言

1 课程性质描述

《Excel在会计中的应用》是中职学校会计事务专业核心基础课,《财务数据处理——Excel 在会计中的应用》则是《Excel 在会计中的应用》的升级版，是一门基于工作过程开发出来的学习领域课程。

适用专业：会计事务

开设时间：第三学期

计划学时：80 学时

2 典型工作任务描述

广大财务人员在日常工作中，经常需要整理各类票据，制作各种凭证，审核报销费用，核对往来账务，管理固定资产，核算进销存数据、工资数据、各类税金，编制各种报表，核算财务指标，为满足各种个性化需求而做预算、统计、分析，对外报送各种月报、季报、年报、专项报告，还要应对各部门的审计、稽查……其中，大部分统计、核算、分析、编制报表等工作都能通过操作 Excel 快速完成。

3 课程学习目标

通过本课程的学习，同学们应该能够：

（1）正确充分认识 Excel 的作用；

（2）熟练操作应用 Excel 的功能；

（3）学以致用地把 Excel 知识运用到日常实际工作中；

（4）树立职业道德和依法依规工作的意识。

4 学习组织形式与方法

学生划分小组，每个组就是一个工作小组，在小组划分时就考虑学生个体差异的组合性。教师根据实际工作任务设计教学情境，教师的角色是策划、分析、辅导、评估和激励。学生的角色是主体性学习——主动思考、自己决定、实际动手操作；学生小组长要引导小组成员制定详细规划，并进行合理有效的分工。

5 学习情境设计

序号	学习情境	学习任务	载体	学习任务简介	建议学时
1	夯实基础	高效规范地制作财务表格	收款收据	根据公司的实际情况，制作出“收款收据”表格文档，以方便财务人员日常款项收入的结算。	4
2		财务人员应掌握的函数	差旅费报销单	根据公司的实际情况，给“差旅费报销单”表格文档添加公式和函数，提高报销人员的填报准确性，以节约财务人员日常报销结算的时间。	10
3		财务数据分析与处理	职工工资一览表	根据公司的实际情况，给“职工工资一览表”表格文档单元格进行排序、筛选等设置，方便财务人员对财务数据进行分析和处理，为决策部门提供有效信息。	6
4		财务信息的图表应用	FS 区域净利润分析表	根据公司的实际情况，给“2022 年度支出与预算比较”工作表制作分析图表，方便决策部门阅读并进行分析。	8
5	工作实战	固定资产管理	双倍余额递减法计提折旧表等	根据公司的实际情况，理顺固定资产管理思路，设定固定资产折旧方法函数或编辑公式，帮助财务人员轻松、高效地完成固定资产管理核算任务。	10
6		工资薪金管理	基本工资管理表等	根据公司的实际情况，理顺工资薪金管理设计思路，给工资项目设定函数或编辑公式，制作工资条。帮助财务人员轻松、高效地完成工资核算任务。	14
7		往来账款管理与分析	账龄分析汇总表等	根据公司的实际情况，理顺账款管理思路，帮助财务人员加强账龄分析，尽量规避发生坏账，保障公司的资金链正常运转。	10
8		财务报表指标计算与分析	常用财务比率分析表	根据公司的实际情况，通过分析报表数据，及时掌握公司经营财务状况，为决策者提供真实有效的信息。	6

续表

序号	学习情境	学习任务	载体	学习任务简介	建议学时
9	竞赛参与	了解前沿情况，融入社会实际，提高个人的认知和技能水平	社会保险和住房公积金计算表、区域净利润分析表等	1. 职工薪酬、社保、个人所得税计算； 2. 商品采购汇总表； 3. 固定资产折旧计算表； 4. 产品成本计算表； 5. 产品销售收入汇总表； 6. 区域利润目标达成率分析； 7. 各期收入分析。	10
10	评价考核				2

6 学业评价

项目名称	评价内容	分值	评价等级		
			自评	互评	师评
职业素养考核项目（40%）	穿戴规范、整洁，仪容仪表符合要求	5 分			
	安全意识、责任意识、服从意识、纪律意识	10 分			
	积极参加教学活动，按时完成学生工作活页	15 分			
	团队合作、沟通交流	10 分			
专业能力考核项目（60%）	专业知识查找及时、准确	5 分			
	操作符合规范	5 分			
	引导问题、表单填写	10 分			
	操作熟练度、工作效率	15 分			
	掌握关键操作要领	15 分			
	成果质量、展示汇报	10 分			
总分					
总评	自评（20%）+ 互评（30%）+ 师评（50%）=	综合等级	教师（签名）：		

7 课后拓展（巩固训练 / 任务总结）

课后拓展有助于加深学生对课内知识的理解，同时也可以增强个人的理解力。课后拓展包括巩固训练和任务总结 2 类，巩固训练主要针对的是基础学习内容方面的强化，任务总结主要针对的是实战过程中的升华。

8 学习情境的相关知识点

活页式教材兼有“活页”和“教材”两种属性。列出完成该任务所必需的知识介绍，是活页式“教材”属性的必要体现。本学习情境的相关知识点，并不是全面地按传统教材进行描述，而只是点出其中的要点，还有部分内容需要学习者进行自我挖掘学习，这样的目的是让学习者更能深刻理解每一个知识点内容。

9 章节练习题目的操作说明

在学习的过程中，练习题是提高自己能力和掌握知识的重要工具。通过操作和思考练习题的解题，我们能够巩固所学的知识，提高自己的思维能力和解决问题的能力。然而，对于职场的“小白”来说，很多人在课后练习题目操作时常常感到困惑，不知道从何入手，如何有效地完成练习。本教材将对 Excel 各章节练习题中有代表性题目的操作、步骤或函数公式作说明，其余题目则针对不同的侧重点进行介绍，以此来帮助学习者更好地应对练习题学习。如果都能够认真掌握，将会让你从职场新人快速成为职业精英。

10 学习任务资源

本教材的学习任务资源包括：学习案例中的参考操作视频、效果文件和教学使用的PPT。

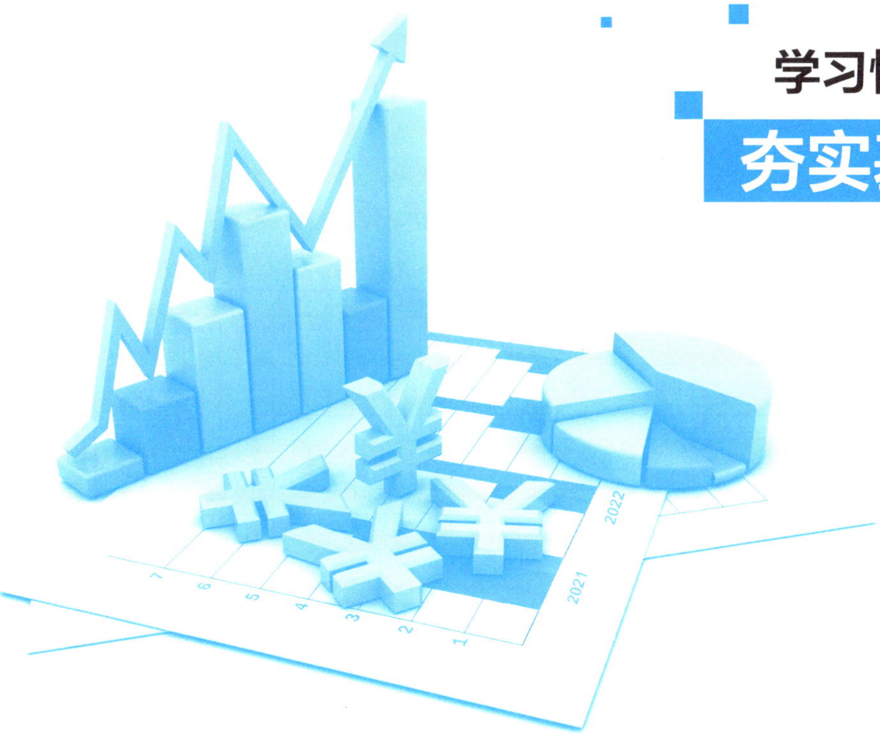

学习情境 1

夯实基础

学习任务 1　高效规范地制作财务表格

一、学习任务描述

作为一名财务人员，掌握 Excel 表格的制作方法是很有必要的，而在制作表格时，除了要掌握一些数据的输入技巧，还要让制作的财务表格更加规范和专业，此外，文字、表格线的一些整理技巧也是有必要掌握的内容。

本任务将通过练习引导学习者把编辑文字、制作表格的输入技巧、规范操作和整理技巧掌握，并按照用户提供的“收款收据”单据和要求，制作出符合用户需要的表格文件，从而帮助用户提高工作效率，并让制作的财务工作表格更加规范和专业。

二、实践目标

1. 熟练掌握 Excel 工作表的创建和编辑、单元格格式的设置方法等。
2. 将所学理论知识和操作技能综合运用于工作实践，提升自己的动手能力。

三、工作任务单

表 1–1 工作任务单

<table>
<tr><th>学习任务名称</th><th colspan="3">高效规范地制作财务表格</th><th colspan="2">学时</th><th>____学时</th></tr>
<tr><td>任务描述</td><td colspan="6">根据公司的实际情况，制作出“收款收据”表格文档，以方便财务人员日常款项收入的结算。
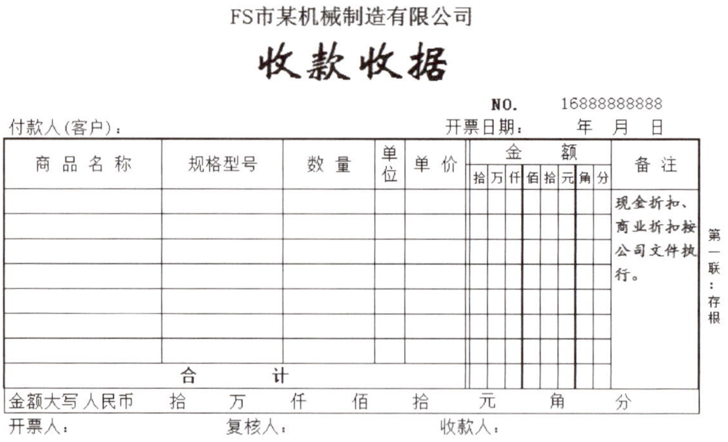
FS市某机械制造有限公司
收款收据
NO. 16888888888
付款人（客户）： 开票日期： 年 月 日
商品名称 | 规格型号 | 数量 | 单位 | 单价 | 金额（拾 万 仟 佰 拾 元 角 分） | 备注
备注：现金折扣、商业折扣按公司文件执行。
合 计
金额大写 人民币 拾 万 仟 佰 拾 元 角 分
开票人： 复核人： 收款人：
第一联：存根</td></tr>
<tr><td>典型工作过程描述</td><td colspan="6">1. 确定切入点—2. 录入文字—3. 编辑文档—4. 加工表格—5. 设置页面</td></tr>
<tr><td>学习目标</td><td colspan="6">1. 知识、技能
（1）强化巩固所学的计算机基础 Excel 部分的知识；
（2）掌握 Excel 的基本操作技能；
（3）学会运用 Excel 编辑文档；
（4）熟练运用 Excel 技能制作表格；
（5）制作的表格、编辑的文档和打印的效果符合客户要求。
2. 提高职业核心能力
（1）提高学生查阅学习资料的能力；
（2）提高学生的文字和语言能力；
（3）提高学生的动手操作能力；
（4）树立职业道德和依法依规工作的意识。
3. 培养良好的职业素养
通过保持活学活用、熟能生巧的良好心态，学会正确使用 Excel 编辑出所需要的文档，同时保持桌面整洁、座椅周围无垃圾杂物、离开机房时物归原处等，逐渐培养良好的基本职业素养。</td></tr>
<tr><td rowspan="2">学时安排</td><td>准备</td><td>计划</td><td>决策</td><td>实施</td><td>检查</td><td>评价</td></tr>
<tr><td>___学时</td><td>___学时</td><td>___学时</td><td>___学时</td><td>___学时</td><td>___学时</td></tr>
<tr><td>对学生的要求</td><td colspan="6">1. 确定切入点：首先，要查看用户需求，详细了解任务内容。其次，学会运用所学知识准确地给出初步的行列数，并能选择最佳操作切入单元格。
2. 录入文字：根据步骤 1 在 Excel 工作表中能熟练地录入文字，并能快速对文字的字号、字体、对齐方式进行选择设置。
3. 编辑文档：根据步骤 2 在 Excel 工作表中编制出初始的表格视图，并进行粗放式的调整。
4. 加工表格：对所绘制的表格进行精细加工，设置表格边框线条，以达成素材表格样式。
5. 设置页面：文字和表格都完成后，结果输出很重要。主要是要掌握页面设置及 2、3、4 步骤的重复处理，最终达成输出的文件满足用户需要。</td></tr>
</table>

续表

学习任务名称	高效规范地制作财务表格	学时	___学时
练习文件			

四、任务分组

表 1-2　学生任务分配表

学习任务名称	高效规范地制作财务表格				学时	___学时
班级				组名		
组长			学号		指导老师	
组员	姓名	学号	姓名	学号	姓名	学号
	姓名	学号	姓名	学号	姓名	学号
	姓名	学号	姓名	学号	姓名	学号

任务分工：

五、任务工作环节

任务工作环节包括：确定切入点、录入文字、编辑文档、加工表格、设置页面 5 个方面，教学和学习的方式及流程有准备、计划、决策、实施、检查、评价共 6 个环节。

1. 工作准备

阅读和理解工作任务，收集用户的具体需求，了解用户的操作环境，结合任务查找相关应用知识并分析任务在实施中的难点和常见的问题。

2. 工作计划

针对“收款收据”编辑过程中的设备环境、系统和软件要求、最终结果制定工作计划。

引导问题 1： 观看（搜索）任务相关视频。

思考学习： 编辑“收款收据”所需要的系统和软件是什么版本？

引导问题 2： 学生分组讨论，根据任务工作环节说出工作过程如何实施，实施过程中的难点与解决方法有哪些。（请根据讨论结果，在下表中填写内容）

序号	难点	解决方法

引导问题 3： 制定工作计划和实施方案步骤。

序号	步骤名称	工作要点

3. 工作决策

在小组内讨论每个同学的方法和步骤，分析优劣，综合每位同学的意见，确定小组的最终实施方案。

小组决策 □ 个人决策 □	决策意见：（从确定切入点、录入文字、编辑文档、加工表格、设置页面等方面考虑）
	任务流程：
	注意事项：

4. 工作实施

引导问题 4： 制作“收款收据”文档，是先录入文字还是先制作表格边框线？用自己的语言描述出来，各自的优势在哪里？

引导问题 5： 单元格的合并要注意哪些情况？合并后对文本的对齐、文本方向的设置有几种方式？

引导问题 6： 表格行高、列宽的设置怎么操作？

引导问题 7： 预览、打印表格的方法和最终打印显示的效果是怎样的？

5. 工作检查

表 1–3　检查单

<table>
<tr><th>任务</th><th colspan="4">完成情况记录</th></tr>
<tr><td>任务是否按计划时间完成</td><td colspan="4"></td></tr>
<tr><td>相关理论完成情况</td><td colspan="4"></td></tr>
<tr><td>技能操作熟练程度</td><td colspan="4"></td></tr>
<tr><td>任务完成情况</td><td colspan="4"></td></tr>
<tr><td>任务创新情况</td><td colspan="4"></td></tr>
<tr><td>文档上交情况</td><td colspan="4"></td></tr>
<tr><td rowspan="3">检查评价</td><td>班级</td><td></td><td>组别</td><td></td></tr>
<tr><td>小组成员</td><td></td><td>组长签名</td><td></td></tr>
<tr><td colspan="4">评语：</td></tr>
</table>

6. 工作评价

各组代表展示成果，介绍任务的完成过程。成果展示前就阐述材料完成评价考核表 1–4，综合等级评价档次统一采用 A【优秀 90（含）~100 分】、B【良好 75（含）~90 分】、C【合格 60（含）~75 分】、D【努力 60 分以下】。

表 1–4　评价考核表

项目名称	评价内容	分值	评价等级		
			自评	互评	师评
职业素养考核项目（40%）	穿戴规范、整洁，仪容仪表符合要求	5 分			
	安全意识、责任意识、服从意识、纪律意识	10 分			
	积极参加教学活动，按时完成学生工作活页	15 分			
	团队合作、沟通交流	10 分			
专业能力考核项目（60%）	专业知识查找及时、准确	5 分			
	操作符合规范	5 分			
	引导问题、表单填写	10 分			
	操作熟练度、工作效率	15 分			
	掌握关键操作要领	15 分			
	成果质量、展示汇报	10 分			
总分					
总评	自评（20%）+ 互评（30%）+ 师评（50%）=	综合等级	教师（签名）：		

7. 巩固训练（课后拓展）

表 1–5　差旅费报销单

FS市某机械制造有限公司

差 旅 费 报 销 单

部门：　　　　　　　　　　　　　　　　　　　　　　　　　报销日期：

<table>
<tr><td>出差人</td><td colspan="3"></td><td colspan="2">出差地点</td><td colspan="4"></td><td colspan="2">事　由</td><td colspan="2"></td></tr>
<tr><td colspan="4">起</td><td colspan="4">终</td><td rowspan="2">车　船
机　费</td><td rowspan="2">应　补
金　额</td><td rowspan="9">报
销
单
据</td><td>项　目</td><td>张 数</td><td>金额</td></tr>
<tr><td>月</td><td>日</td><td>时</td><td>地 点</td><td>月</td><td>日</td><td>时</td><td>地 点</td><td>住 宿 费</td><td></td><td></td></tr>
<tr><td></td><td></td><td></td><td></td><td></td><td></td><td></td><td></td><td></td><td></td><td>邮 电 费</td><td></td><td></td></tr>
<tr><td></td><td></td><td></td><td></td><td></td><td></td><td></td><td></td><td></td><td></td><td>市内交通费</td><td></td><td></td></tr>
<tr><td></td><td></td><td></td><td></td><td></td><td></td><td></td><td></td><td></td><td></td><td>办 公 费</td><td></td><td></td></tr>
<tr><td></td><td></td><td></td><td></td><td></td><td></td><td></td><td></td><td></td><td></td><td>业务招待费</td><td></td><td></td></tr>
<tr><td></td><td></td><td></td><td></td><td></td><td></td><td></td><td></td><td></td><td></td><td></td><td></td><td></td></tr>
<tr><td colspan="4">小　　　计</td><td colspan="3">车船机票张数</td><td></td><td></td><td></td><td>其　他</td><td></td><td></td></tr>
<tr><td colspan="3">住勤补贴</td><td colspan="7">天　每天补助　　　　　元，　合计补助</td><td>小　计</td><td></td><td></td></tr>
<tr><td colspan="11">报销合计（大写）：</td><td colspan="2">出差预借款额</td><td></td></tr>
<tr><td colspan="11">¥：　　　　　　　　元</td><td colspan="2"></td><td></td></tr>
</table>

单位负责人：　　　　　部门负责人：　　　　　项目负责人：　　　　　报 销 人 ：

（1）课后在计算机或智能手机上查找线上网页型表格编辑功能或下载 App WPS，对比学习不同表格编辑软件操作。

（2）利用计算机或智能手机中自己熟悉的表格编辑功能练习上述“表 1–5　差旅费报销单”编辑，并把完成的文档上交老师，检查作业完成情况。

（3）源文件中还有特例练习（特种作业操作证登记表），可根据自己的实际掌握情况强化练习。

六、关于表格编辑的相关知识点

（一）Excel 工作簿和工作表

在 Excel 中进行的操作是在工作簿文件中执行的，工作簿文件拥有自己的窗口，我们能按需要打开许多工作簿。默认情况下，Excel 工作簿使用 .xlsx 文件扩展名（如图 1–1 所示）。

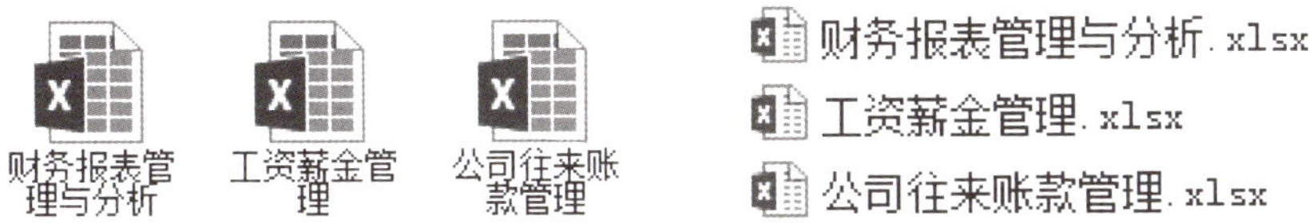

图 1–1　Excel 工作簿表现形态

每个工作簿由一个或多个工作表（Sheet1、Sheet2……SheetN）组成，而每个工作表又由若干个的单元格组成。每个单元格可以包含数值、公式或文本。工作表也有一个隐藏的绘图层，可以容纳图表、图像和图形。可以通过单击工作簿窗口底部的标签访问工作簿中的每个工作表。此外，工作簿能够存储图表工作表，图表工作表显示单独的图表并且也可以通过单击标签访问（如图 1–2 所示）。

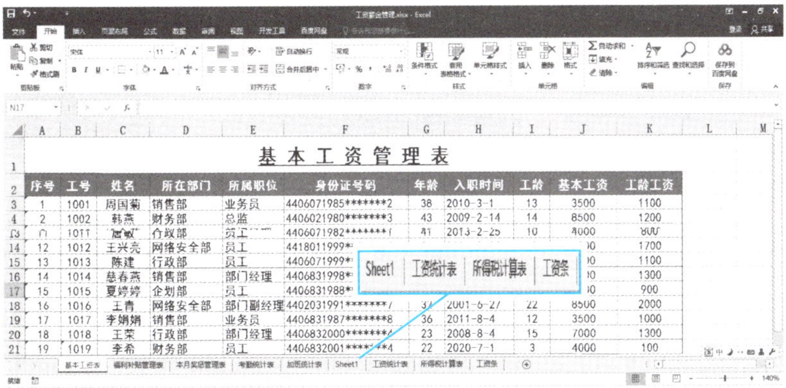

图 1–2　工作表表现形态

此外，可以通过点击 ⊕ 来增加新的工作表，通过右击某一个工作表名，来进行重命名、移动或复制、删除等操作（如图 1–3 所示）。

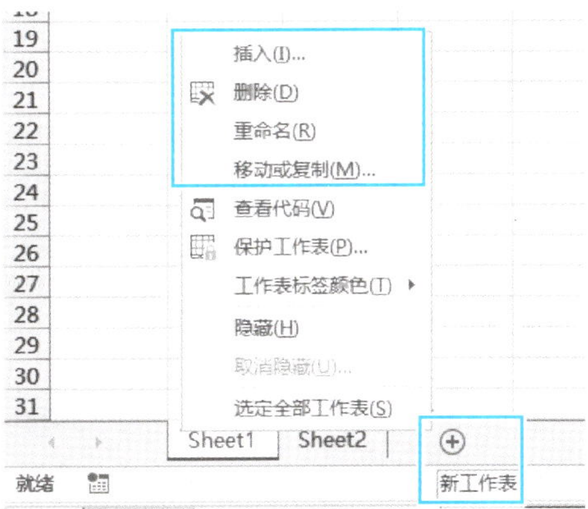

图 1–3　工作表的操作

（二）Excel 工作表中的单元格和行、列

Excel 的工作表看起来像一个大表格，表格中的每个格称为单元格。单元格由行和列位置命名。例如，A1 表示第一列与第一行交叉的单元格，D6 表示第四列与第六行交叉的单元格。使用工作表主要是通过操作单元格来实现数据的输入及编辑计算（如图 1–4 所示）。

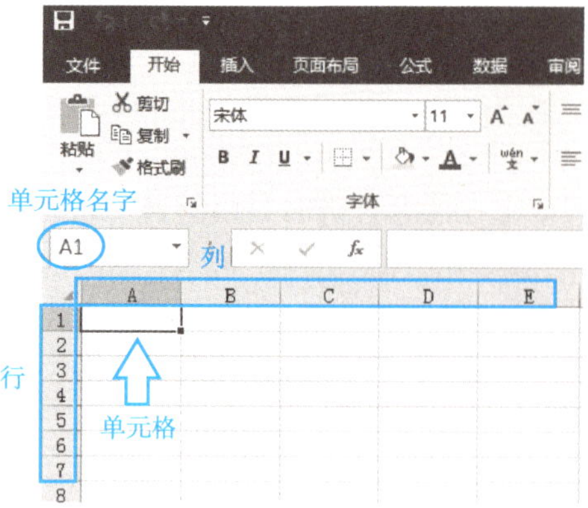

图 1-4 工作表的单元格和行、列

1. 调整行高和列宽

（1）单击第一行的行标，选中第一行，鼠标右击，选中“行高”命令，输入要设置的行高数值，单击“确定”按钮（如图 1-5 所示）。

（2）单击第二列的列标，选中第二列，鼠标右击，选中“列宽”命令，输入要设置的列宽数值，单击“确定”按钮（如图 1-6 所示）。

2. 插入单元格、行或列

（1）选中某一单元格、行或列后鼠标右击，选中“插入”命令（如图 1-5、图 1-6 菜单所示）。

（2）选中多个单元格，鼠标右击，选中“插入”命令，这时要留意选择项内容（如图 1-7 所示）。

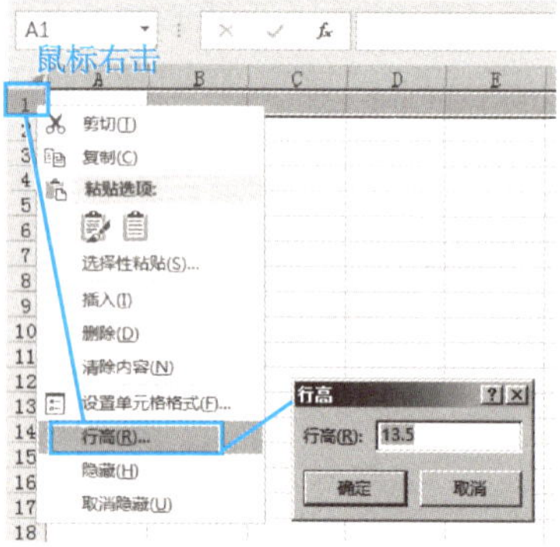

图 1-5 调整行高

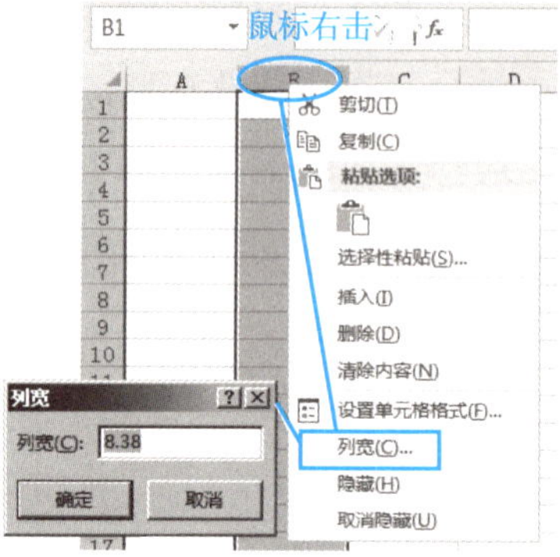

图 1-6 调整列宽

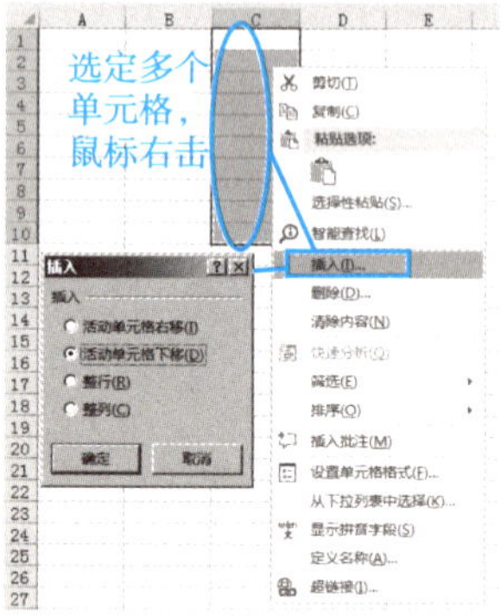

图 1-7 插入单元格

3. 互换表格的行列数据

如果要在 Excel 中将被复制数据的列变成行，或将行变成列，即源数据区域的顶行将位于目标区域的最左列，或源数据区域的最左列将显示于目标区域的顶行，则可通过“选择性粘贴”对话框中的“转置”功能来实现。

（1）选定互换表格的行列范围，使用“Ctrl+C”组合键复制工作表的单元格区域。

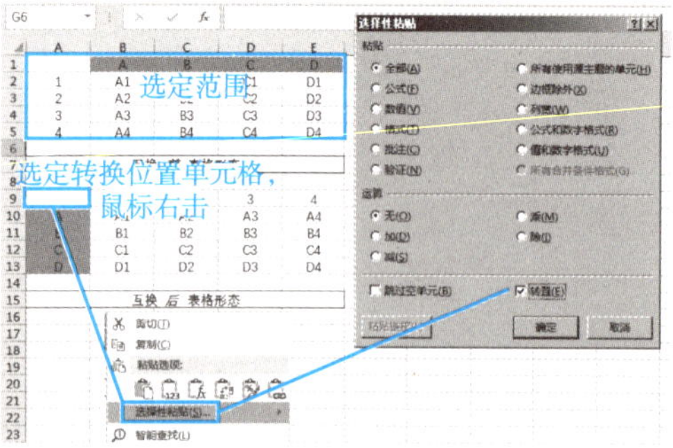

图 1-8 行列互换

（2）选中要互换后工作表的开始单元格位置或切换至其他工作表选中单元格放置位置，鼠标右击打开“选择性粘贴”对话框，选中“转置”复选框，单击“确定”按钮（如图 1-8 所示）。

4. 行、列合并及文本调整

（1）选择要合并的单元格：在 Excel 工作表中，按住鼠标左键并拖动来选择要合并的单元格区域。可以是一个连续的矩形区域，也可以是非连续的多个区域。

（2）合并单元格：选中要合并的单元格后，单击“开始”|“对齐方式”|“合并后居中”的按钮，在弹出的下拉菜单中选择“合并单元格”（如图 1–9 所示）。

（3）取消合并单元格：如果需要取消已合并的单元格，选中已合并的单元格区域，单击“开始”|“对齐方式”|“合并后居中”的按钮，在下拉菜单中选择“取消单元格合并”。

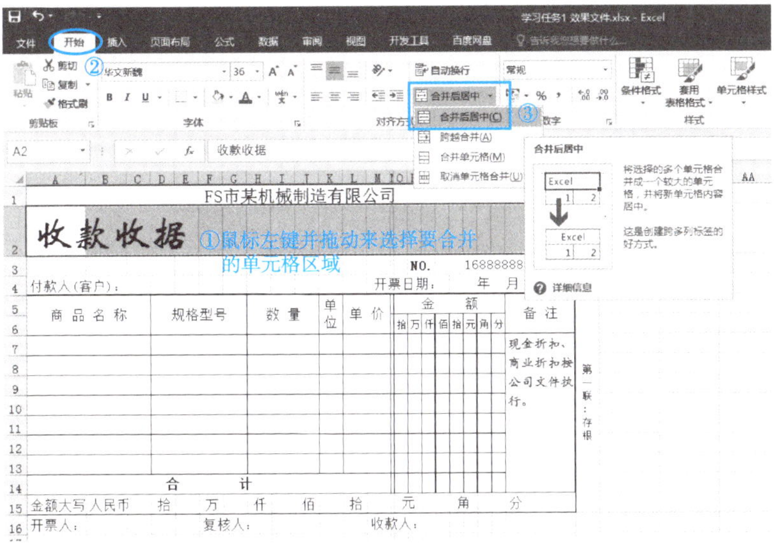

图 1–9　行、列合并操作

（4）对于合并后的文本，如果需要调整对齐方式、文本方向或自动换行，选中已合并的单元格区域，鼠标右击选中“设置单元格格式”命令，打开“设置单元格格式”对话框，按需选择设置，单击“确定”按钮（如图 1–10 所示）。

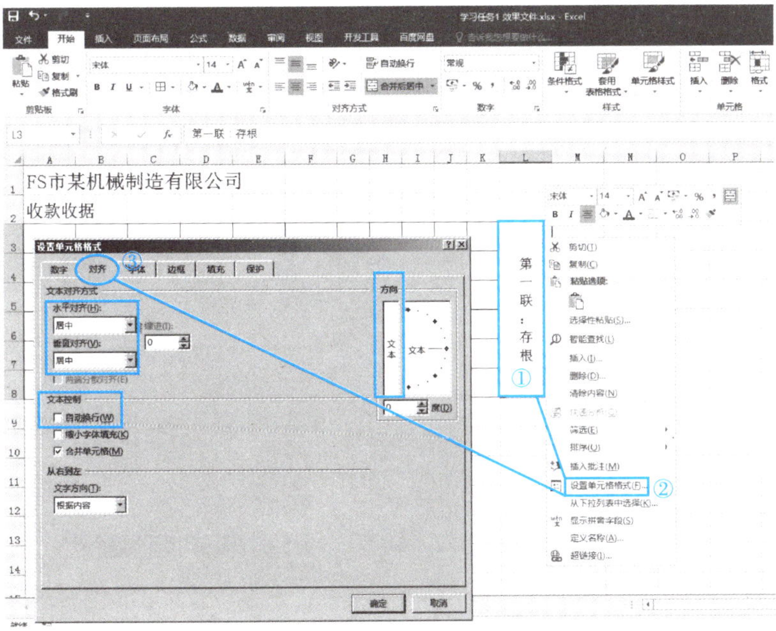

图 1–10　合并后文本调整

（三）Excel 工作表中表格线（边框）的显现和设置

Excel 工作表默认是打开很多单元格组成的一个大表格，但当完成所需要的工作任务预览时，会发现所编辑的内容排版效果不能显现，特别是表格线（边框）没有。而要解决这个问题，则要通过设置单元格边框来实现。

方法一：

选中要加边框的数据区域，单击“开始”|“对齐方式”|“设置单元格格式”对话框，或右键在弹出的快捷菜单中选“设置单元格格式…”|“设置单元格格式”|“边框”选项卡（如图 1–11 所示）。

在这个对话框中可以选择边框线条的样式、颜色，然后在预览草图中添加边框。

方法二：

选择“开始”|“字体”|“边框”按钮下拉列表，选择相应的边框样式进行添加（如图 1–11 所示）。

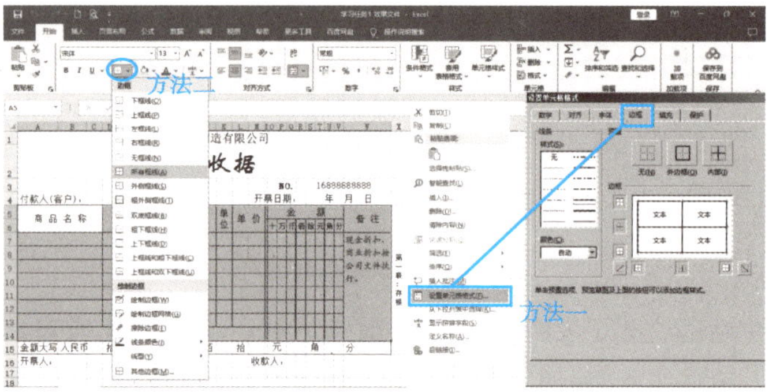

图 1–11　设置单元格边框

方法三：

直接套用现有的表格样式。

选择要套用“表”样式的区域，然后切换到功能区中的“开始”选项卡，在“样式”组中单击“套用表格格式”按钮，在弹出的菜单中选择一种表格格式（如图 1–12 所示）。

注意：不是所有表格都适用。

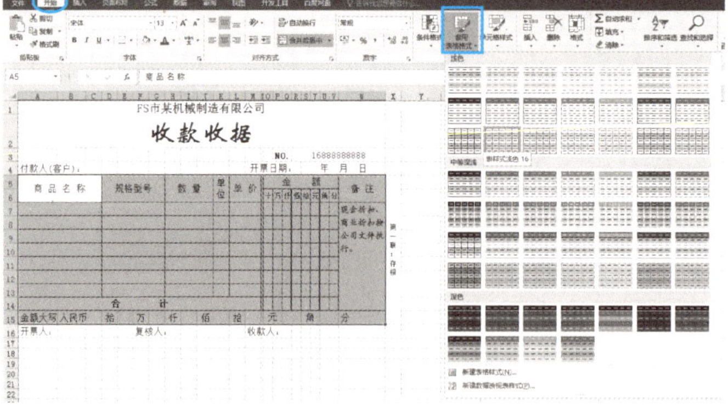

图 1–12　套用现有的表格样式

（四）Excel 工作表内容预览和打印

Excel 工作表所编辑的内容是所见所得的，即指用户通过编辑或设置所看到的效果就是最终呈现（包括显示和打印）的效果（如图 1–13、图 1–14 所示）。

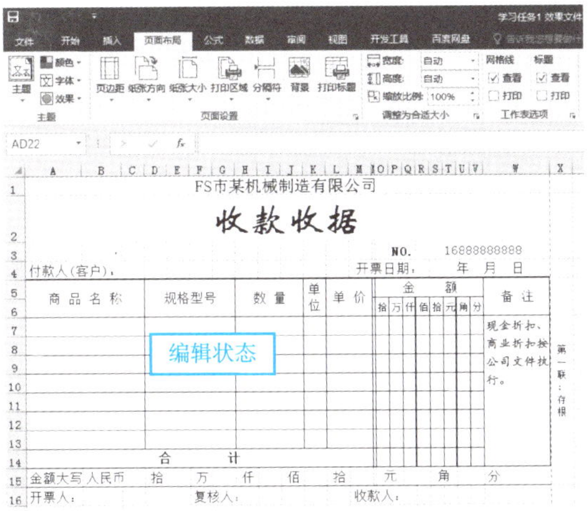

图 1–13　工作表编辑状态

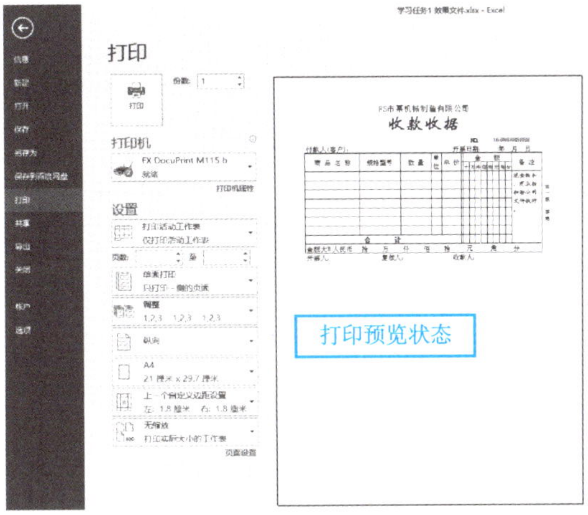

图 1–14　工作表打印预览状态

1. Excel 工作表所编辑的内容显示

方法一：直接调整 Excel 工作表界面右下角百分比状态条。

方法二：单击“视图”菜单，单击“显示比例”按钮，按需选择（如图 1–15 所示）。

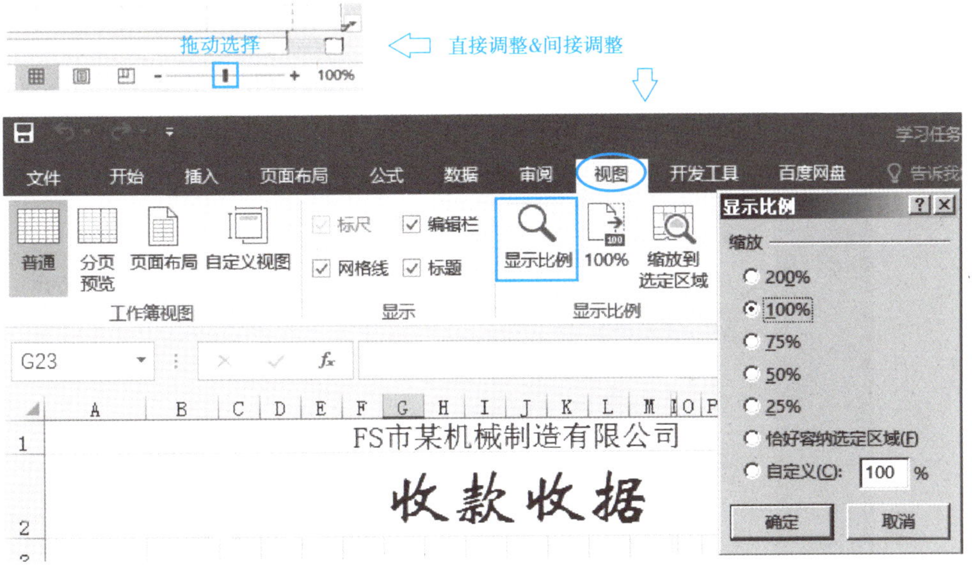

图 1–15　直接、间接调整

2. Excel 工作表所编辑的内容预览和打印

对于在 Excel 工作表中编辑的内容，完成后可以轻松地打印成纸质文档。在打印之前，需要对工作表进行一些必要的设置，如纸张大小、页边距、页面方向等，此项设置在“页面布局”菜单中实现（如图 1–16 所示）。

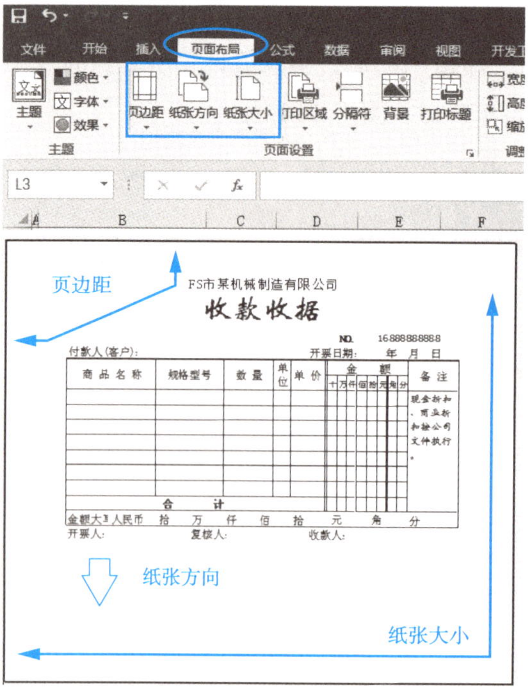

图 1–16　页面设置

（1）页面设置：

设置页面方向：在“页面设置”菜单中，单击“纸张方向”按钮，纵向或横向，按需选择。

设置纸张大小：在“页面设置”菜单中，单击“纸张大小”按钮，16 开—A3 纸张，按需选择。

设置页边距：在“页面设置”菜单中，单击“页边距”按钮，按需选择，特殊情况下可选择“自定义边距”，进行自定义设置。

（2）打印输出：

页面设置完成后，可作效果预览，预览效果较为满意时，就可以在打印机上进行打印输出了。但如果发现效果预览没达到要求时，可做“缩放”临时设置调整，以达到打印要求（如图 1–17 所示）。

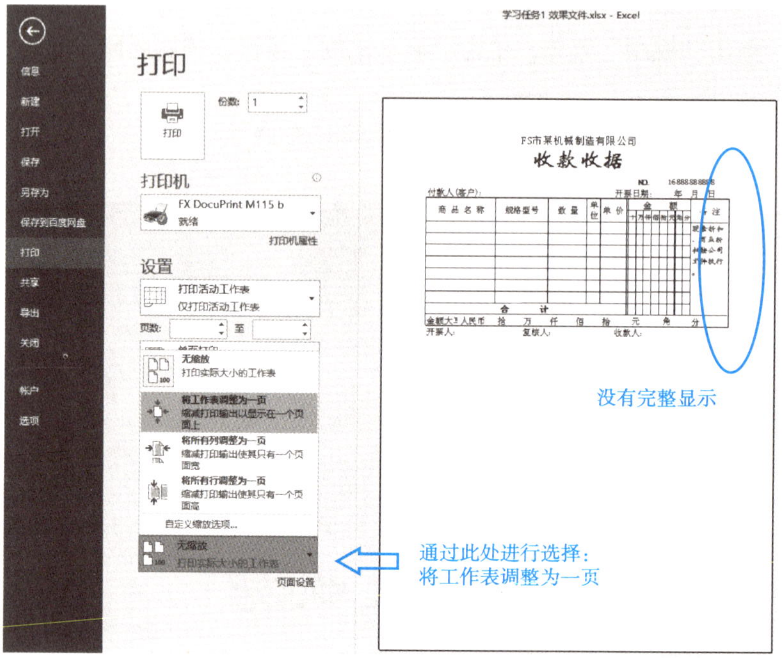

图 1–17　缩放设置效果

七、本章节各练习题目的具体操作详解

本章节的练习共有 3 个，第一个作为课堂教学及练习使用；第二个是课后拓展训练，主要是强化学习者对知识点的掌握；第三个是特例，主要是考查学习者的综合处理

文档的能力。无论是课堂练习或课后拓展训练，请一定要理解或遵循典型工作过程的要求：确定切入点、录入文字、编辑文档、加工表格、设置页面、完成提交。

练习一：收款收据（如图 1–18 所示）

本章节所提供练习的收款收据，是单位内部的自制凭据，用于单位内部发生的业务，如材料内部调拨、收取员工押金、退还多余出差借款等。这时的内部自制收据是合法的凭据，可以作为成本费用入账。单位之间发生业务往来，预收款也可以使用收款收据，但这是日常所说的“白条”，是不能作为凭证入账的。

在练习前，根据任务单中的练习文件栏，扫码下载并打开练习文件。随后，按下列步骤进行练习。

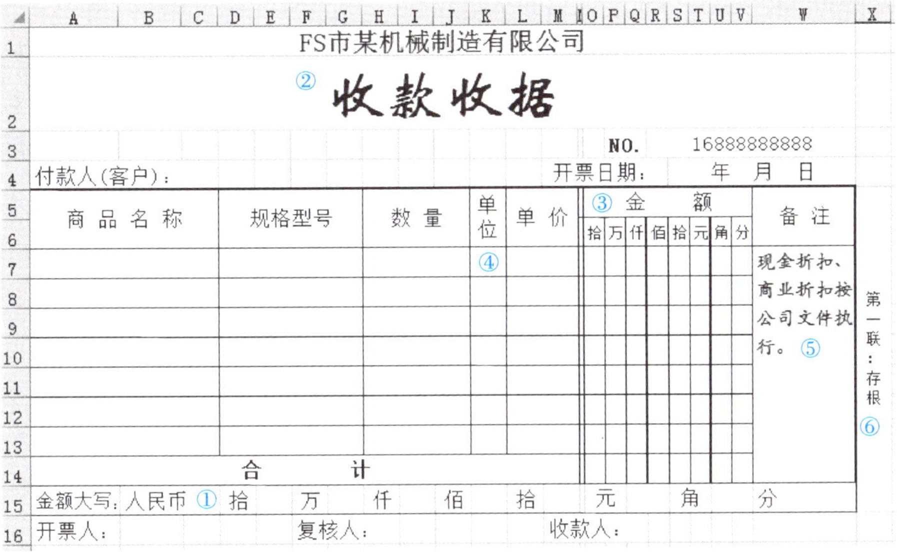

图 1–18　收款收据练习

1. 确定切入点

确定切入点，其实就是要选准操作的起点，这样会使开展的工作事半功倍。收款收据练习样图如果想要达到近乎于百分百相似，那么这个切入点的选取很重要。

第 1 步　观察整个表单，从上至下初步判定为 16 行，切入点选择①（见图 1–18），即“金额大写：人民币……”这一行，理由是“拾、万、仟、佰、拾、元、角、分”前面的空白都是均等的，先行录入后，对后期表头、表尾等录入的文字及版面的调整都能起到积极的作用。

2. 录入文字

文字录入对于整个收款收据练习所出成果的快慢，也有关键性作用。录入快说明学习者计算机操作能力很强，相反，操作能力则有待提高。

第 2 步　确定切入点后，先在 A15 单元格录入“金额大写：”，在 B15 单元格录入“人民币”，C15 单元格留空，在 D15 单元格录入“拾”，E15 单元格留空，在 F15 单元格录入“万”，以此类推至“拾”暂停。

第 3 步 “金额大写：人民币……”行录入暂停后，我们便可以从上至下录入其他文字，这时要注意先录入 A 列文字较佳，排版设置及调整后期进行。A1 单元格录入“FS 市某机械制造有限公司”，A2 单元格录入“收款收据”，A4 单元格录入“付款人（客户）：”，A5 单元格录入“商品名称”，A14 单元格录入“合计”，A16 单元格录入“开票人：”，大家可能会发现，我们所录入的都是第一列的文字，理由很简单：定位，方便横行文字录入的操作。

第 4 步 A 列文字录入完毕后，即可向右延伸录入行文字。选择行文字内容最多的一行先进行录入，录入时注意对标 15 行“金额大写：人民币……”的文字位置。在 D5 单元格录入“规格型号”，对标 D15 单元格的“拾”；在 H5 单元格录入“数量”，对标 H15 单元格的“仟”；在 K5 单元格录入“单位”，对标 J15 单元格的“佰”，但要注意错开一列，因为“佰”是在“数量”与“单位”之间；在 M5 单元格录入“单价”，对标 L15 单元格的“拾”，大家可能发现怎么又错开一列，因为这个“拾”是在对应“单价”单元格的中间；在 Q5 单元格录入“金额”；在 O6：V6 单元格区域逐一录入“拾、万、仟、佰、拾、元、角、分”；在 W5 单元格录入“备注”，在 X5 单元格录入“第一联：存根”。可能有部分学习者会奇怪，真的需要这么较真吗？当然，在实际工作中，特别是财务岗位，每一分每一角都得按要求来计算，所以，这一个练习就是要培养学习者凌厉的判断力和执行力。

第 5 步 在 O6：V6 单元格区域逐一录入“拾、万、仟、佰、拾、元、角、分”后，我们可以发现，这 8 列对比其他列来说特别窄，这时，选择 O 至 V 列，单击“开始”|“单元格”|“格式”下倒小三角，选择“列宽”，在弹出的列宽对话框中输入：“1.5”，单击“确定”按钮完成操作（见图 1-18 ③）。同理，选择并点击 N 列，设置列宽为“0.31”，选择 N5：N14 单元格区域“合并单元格”。此步操作完成后，我们的操作就回归到单一页面，不需要跨页操作。

第 6 步 行文字内容涉及列最多的行录入完成并作列调整后，继续向上向下把其他行文字录入，这时候还是对标 15 行观察后进行。首先，在 O15 单元格录入“元”，在 S15 单元格录入“角”，在 W15 单元格录入“分”。其次，在 P3 单元格录入“NO.”，加粗，对标 P6 单元格的“万”，在 R3 单元格录入“16888888888”，对标 R6 单元格的“佰”，“开票日期：”及“年月日”稍后再录入。再次在 W7 单元格录入“现金折扣、商业折扣按公司文件执行。”对标 W15 单元格的“分”。最后，在 F16 单元格录入“复核人：”，对标 F15 单元格的“万”，M16 单元格录入“收款人：”。

至此，通过第 2、3、4、5、6 步的操作，我们完成了大部分文字录入。其实，文字录入并没有规定的先后顺序，在日积月累的工作中，你会发现熟能生巧这个道理。

3. 编辑文档

录入文字完成后，整个收款收据 Excel 工作表显现出初始的表格视图，这时就要对相关的单元格进行合并，进行字号、字体等的调整设置。

第 7 步 选择并点击 A1 单元格“FS 市某机械制造有限公司”，按住鼠标左键并拖动至 W1 单元格来选择要合并的单元格区域 A1：W1，单击“开始”|“对齐方式”|“合并后居中”旁倒小三角，选择“合并后居中”，这时“FS 市某机械制造有限公司”就会显现在 A1 至 W1 单元格中间位置。同理操作，选择 A2：W2 单元格区域，使“收款收据”显现在 A2 至 W2 单元格中间位置，单击“开始”|“字体”，选择“华文新魏，36”（见图 1–18 ②）。选择 O5：V5 单元格区域，使“金额”显现在 O5 至 V5 单元格中间位置。选择 A14：M14 单元格区域，使“合计”显现在 A14 至 M14 单元格中间位置，单击“开始”|“字体”|“B”，对“合计”进行字体加粗。选择 W7：W14 单元格区域，单击“开始”|“对齐方式”|“合并后居中”旁倒小三角，选择“合并单元格”，使“现金折扣、商业折扣按公司文件执行。”显现在 W7 至 W14 单元格中间位置。选择 X5：X15 单元格区域，单击“开始”|“对齐方式”|“合并后居中”旁倒小三角，选择“合并单元格”，使“第一联：存根”显现在 X5 至 X15 单元格中间位置。

此步操作完成后，我们可以发现，整个文档的初始效果已呈现出来，但这一步的操作只能算是粗放式操作。

4. 加工表格

完成了上述第 2、3、4、5、6、7 步的操作，接下来就是对所绘制的表格进行精细加工，调整行高或列宽、增加列、设置表格边框线条、文本对齐、合并单元格等，以达成素材表格样图效果。

第 8 步 选择并点击 K5 单元格“单位”，鼠标移到编辑栏并单击“单”“位”之间，光标在此闪烁，按住 Alt 键不放手后按 Enter 键，此时“位”换到下一行。显现“单
位”效果（见图 1–18 ④）。选择并点击 W7 单元格“现金折扣、商业折扣按公司文件执行。”，鼠标右击并点击“设置单元格格式”，在弹出的对话框中单击“对齐”|“水平对齐（靠左）”|“垂直对齐（靠上）”|“文本控制（自动换行）”，单击“确定”按钮完成操作（见图 1–18 ⑤）。选择并点击 X5 单元格“第一联：存根”，鼠标右击并点击“设置单元格格式”，在弹出的对话框中单击“对齐”|“方向”，点击“文本”，显现反向黑色，单击“确定”按钮完成操作（见图 1–18 ⑥）。在“商品名称”“单价”“金额”“合计”文字之间加入空格，以达成样图效果。

第 9 步 选择并点击 A5 单元格，按住鼠标左键并拖动至 W14 单元格来选择要添加表格边框的单元格区域 A5：W14，单击“开始”|“字体”|“边框”右侧倒小三角，在下拉列表中选择“所有框线”，此时，即可看到设置的边框效果。仔细观察，表格线有几根是特别粗的，调整方法：选择要调整表格边框线的单元格区域 A5：W14，单击“开始”|“字体”|“边框”右侧倒小三角，在下拉列表中选择“其他框线”，在弹出的“设置单元格格式”对话框中单击“边框”|“样式”，选择点击相对较粗的线条，并在右边边框的边框图中点击左、上、右三根边框线（如图 1–19 所示），单击“确定”按钮完成操作。同理，选择 Q6：Q14、T6：T14 单元格区域，设置好右边框线加粗。

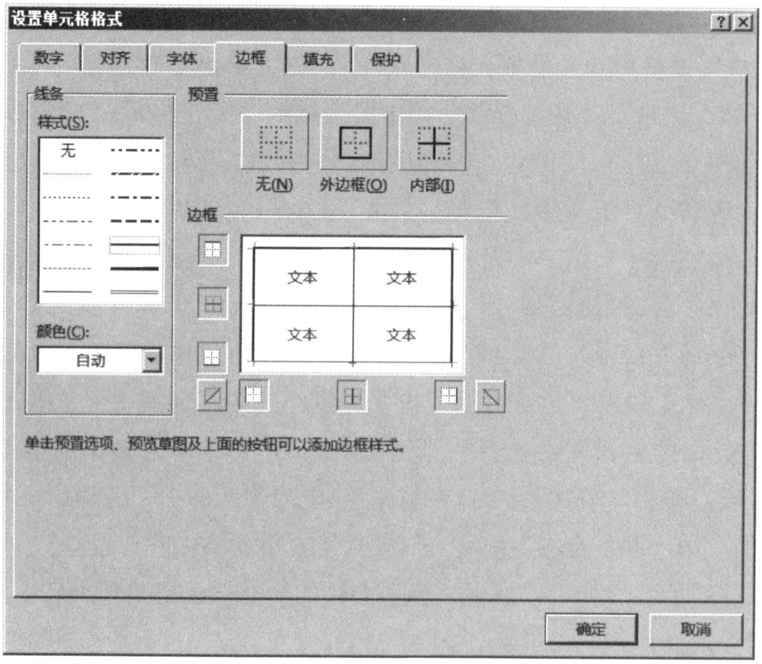

图 1–19　表格边框线的设置

第 10 步　选择并点击 A15 单元格，按住鼠标左键并拖动至 W15 单元格来选择要添加表格边框的单元格区域 A15 : W15，单击“开始”|“字体”|“边框”右侧倒小三角，在下拉列表中选择“外侧框线”，单击“确定”按钮完成操作。选择 C 至 M 列，单击“开始”|“单元格”|“格式”下倒小三角，选择“列宽”，在弹出的列宽对话框中输入：“3”，单击“确定”按钮完成操作。

第 11 步　选择 A5 : C6 单元格区域，按住 Ctrl 键不松手，继续选择 A6 : C6、A7 : C7……A12 : C12、A13 : C13，单击“开始”|“对齐方式”|“合并后居中”旁倒小三角，选择“合并后居中”，此时，“商品名称”所在列的每一个单元格区域合并完毕且不会乱。同理，完成“规格型号”“数量”“单价”“备注”单元格区域的合并处理。在 M4 单元格录入“开票日期：”，对标 15 行的“拾”与“元”之间空格，选择 M4 : R4 单元格区域合并居中，使“开票日期：”显现在 M4 至 R4 单元格中间位置。在 S4 单元格录入“年月日”，选择 S4 : W4 单元格区域合并居中并在“年月日”间加入空格，使“年月日”显现在 S4 至 W4 单元格中间位置。

第 12 步　选择 X 列，设置列宽为“3”。调整 B 列，保证“人民币”后不要留有空格，以符合财务工作要求。选择 1 行、3 至 16 行，设置行高为“18”。

第 13 步　选择“FS 市某机械制造有限公司”，设置字体、字号为“宋体，16”。选择并点击 A3 : W16 单元格区域，设置字体、字号为“宋体，13”。选择并点击 O6 : V6 的“拾、万、仟、佰、拾、元、角、分”单元格区域和 X5“第一联：存根”单元格区域，设置字号为“10”。选择并点击 W7“现金折扣、商业折扣按公司文件执行。”单元格区域，设置字体、字号为“华文楷体，12”，设置列宽为“10”。

5. 设置页面

文字和表格框线都完成后，文档输出应用到实际工作很重要。文档输出前，先要判断所编辑制作的表格在对应的纸张是否美观、符合行文要求，这就需要掌握页面设置及第 2、3、4 步的重复处理，最终达成输出的文件符合用户需要。

第 14 步 单击“页面布局”|“页面设置”|“纸张大小”下方倒小三角，在下拉列表中选择“A4”；继续单击“页边距”下方倒小三角，在下拉列表中选择“普通”，当然也可以选择“自定义边距”|“页边距”，按需调整“上、下、左、右”的数字，必要时可以勾选“居中方式”|“水平”，单击“确定”按钮完成操作。

第 15 步 单击“文件”|“打印”，浏览文档输出显示效果，满意则可打印输出。否则，返回编辑界面，继续调整行高或列宽，也可以调整页边距，来达成所需要的输出效果。此外，还可以在“打印”界面单击“设置”|“无缩放”旁倒小三角，单击选择“将工作表调整为一页”或其他选项，当然，也可在此界面直接选择“页面设置”来对输出文档进行二次调整修改，最终达成所需要的输出显示效果。

练习二：差旅费报销单（如图 1-20 所示）

差旅费报销单是出差人员完成出差任务回来以后进行费用报销的一种专门格式单据，是员工出差任务的派出证明，可以记录员工出差的路线、时间、发生的费用等内容。

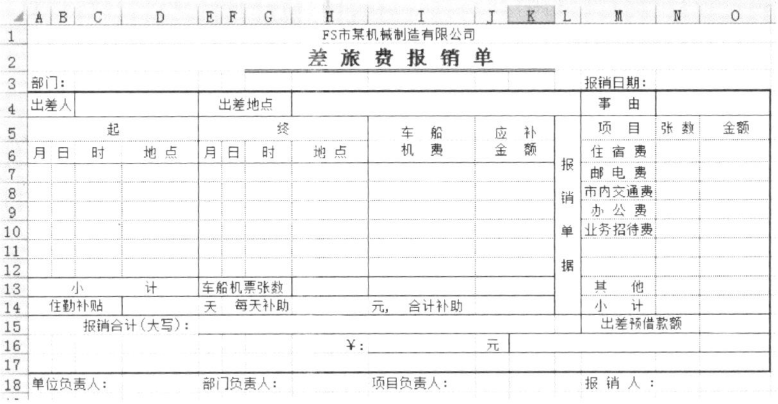

图 1-20 差旅费报销单

1. 确定切入点

差旅费报销单的切入点，应考虑“月、日、时、地点……住宿费”这一行。

第 1 步 观察整个表单，从上至下初步判定为 18 行，切入点选择第 6 行，即“月、日、时、地点……住宿费”这一行，理由是“月、日、时、地点……住宿费”涉及的列最多，录入后，对再向上、向下等录入其他文字及版面的调整都能起到减少操作步骤的作用。

2. 录入文字

第 2 步 确定切入点后，先在 A6 单元格录入“月”，在 B6 单元格录入“日”，在 C6 单元格录入“时”，以此类推至“金额”暂停。

第 3 步　在 A5 单元格录入“起”，在 E5 单元格录入“终”，I5 单元格录入“车船”，J5 单元格录入“应补”，L5 单元格录入“报销单据”，M5 单元格录入“项目”，N5 单元格录入“张数”，O5 单元格录入“金额”，至此，整个表单所应用的列已录入完毕。

第 4 步　在完成第 2、3 步后，向上、向下把其他文字按文档“收款收据”的操作流程思路进行录入。值得注意的是：第 14 行中的“天，每天补助”在 E14 单元格录入，“元，合计补助”在 I14 单元格录入，这 2 个内容不是合并单元格后录入的。

3. 编辑文档

第 5 步　选择 A2：O2 单元格区域，单击“开始”|“字体”，选择“宋体，14”，鼠标右击并点击“设置单元格格式”，在弹出的对话框中单击“对齐”|“水平对齐”，点击“跨列居中”，单击“确定”按钮完成操作，在“差旅费报销单”文字之间加入空格，使“差旅费报销单”显现在 A2 至 O2 单元格中间位置并达成所需要效果。选择 G2：K2 单元格区域，单击“开始”|“字体”|“边框”右侧倒小三角，在下拉列表中选择“下框线”，在“线型”中选择双实线，画线操作完成。

4. 加工表格

第 6 步　在“应补金额”处增加一列，因为，对应的“元”字后有边框线，且在“应补金额”单元格区域的中间位置，增加后适当调整列宽。在“地点”“车船机费”“应补金额”“事由”“项目”等文字之间加入空格，达到样图效果。

第 7 步　选择并点击 A4 单元格，按住鼠标左键并拖动至 O17 单元格来选择要添加表格边框的单元格区域 A4：O17，单击“开始”|“字体”|“边框”右侧倒小三角，在下拉列表中选择“所有框线”，此时，即可看到设置的表格框线效果。再次单击“开始”|“字体”|“边框”右侧倒小三角，在下拉列表中选择“粗外侧框线”，表格框线的效果显现。但要注意，“月、日、时、车船机费、张数、金额”等单元格中使用的是虚线，“报销合计（大写）：”“￥ ：”后的单元格都是开口边框线，因此，要单独设置调整，具体方法参考“收款收据”第 9 步。

第 8 步　选择 A、B、E、F 列，列宽设置为 2；选择 C、G、N 列，列宽设置为 5；选择 D、H、O 列，列宽设置为 8；选择 I 列，列宽设置为 12；选择 J 列，列宽设置为 3；选择 K 列，列宽设置为 9；文档为了效果还在左边增加了一列空列，选择 A 列，鼠标右击并点击“插入”，出现一列空列，至此所有列宽设置完毕。

第 9 步　仔细观察，会发现，“部门：”行上、下均有空隙，点选第 3 行行号，按住 Ctrl 键，继续点选第 4 行行号，鼠标右击并点击“插入”，出现 2 行空行。同理，在“FS 市某机械制造有限公司”“单位负责人：”前各增加一行空行，增加完成后，调整第 1、3、18 行的行高，达成所需要的效果。

第 10 步　进入收尾工作，合并相关单元格，调整单元格中的文字对齐方式，填充单元格和整个工作表底色。完成最后的设置调整。填充单元格和整个工作表底色，应

先完成整个工件表底色的填充，全选工作表单元格（Ctrl+A），鼠标右击并点击“设置单元格格式”，在弹出的对话框中单击“填充”|“背景色”，点击“灰色 -50%，个性色3”，此时，示例处会显示所选择背景颜色，单击“确定”按钮完成操作；填充单元格，则先拖动鼠标，选择 A1：O18 单元格区域，再鼠标右击并点击“设置单元格格式”，也可以利用单击“开始”|“字体”，选择“ ”来完成，文档中的其他单元格背景色设置同理。

5. 设置页面

参照练习一“收款收据”第 14、15 步操作。

第 11 步 单击“文件”|“打印”，浏览文档输出显示效果，满意则可打印输出。否则，返回编辑界面，继续调整行高或列宽，也可以调整页边距。但要注意，由于填充了底色，在打印显示时，要在设置项中进行“打印选定区域”选择（如图 1–21 所示）。

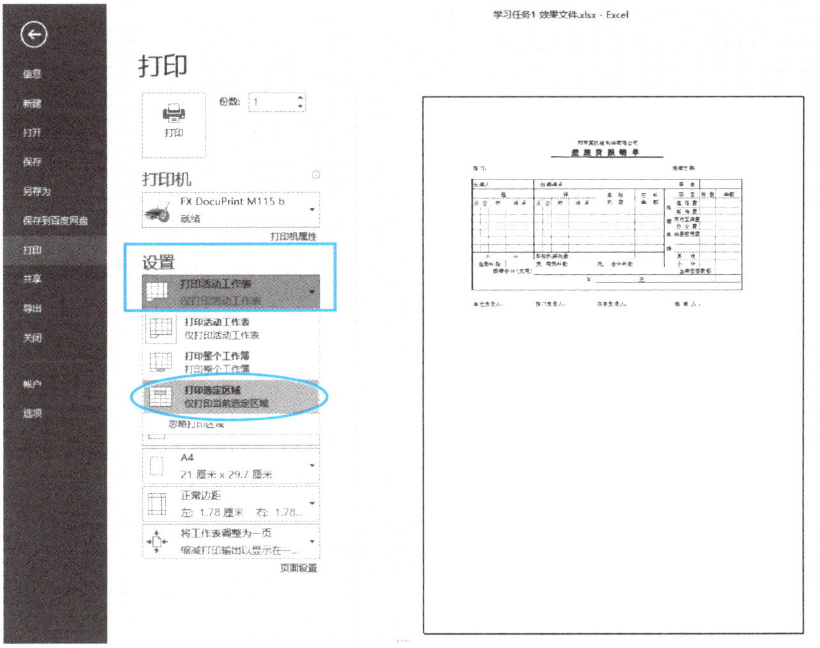

图 1–21 打印选定区域设置

练习三：特例练习（特种作业操作证登记表，如图 1–22 所示）

特例练习，是在练习一、练习二的基础上，考查大家的综合应用能力的一道题目。这道练习题要注意几点：

（1）切入点应选择第 8 行“身份证号码”。

（2）“体检结论：”“医生签名：”“考核成绩：”等文字录入，可参照练习二第 8 步操作。

（3）要注意“申请作业类别”“身份证号码”“身高”这几列的级差。

（4）除了第 1、3、13、14 行，其他各行行高是均等的，1、13、14 是其他各行的 2 倍，第 3 行按需要调整。

（5）整个文档显示在一张 A4 纸上。

粘身份证复印件			粘办证相片（一寸）

特种作业操作证登记表

（培训机构专用）

由申请人填写	姓名		性别		入学时间		相片（一寸）
	毕业学校				学制		
	专业		邮政编码				
	申请作业类别		操作项目				
	身份证号码						
身体条件	身高		视力 左		听力 左		体检结论：
	辨色力		视力 右		听力 右		医生签名：
	身体运动能力						
	有无妨碍本作业的疾病和生理缺陷						年 月 日（医院公章）
考核情况	理论知识	考核成绩： 主考人签字： 年 月 日		单位意见	同意报考 （公章） 年 月 日		
	实际操作	考核成绩： 主考人签字： 年 月 日					
发证部门意见	年 月 日			发证登记	作业类别		
					操作项目		
					操作编号		
					有效期限		
					发证日期		
					经办人		

备注：有体检表的身体条件栏可不填写　　　　发证机关：安全生产监督管理局

图 1–22　特种作业操作证登记表练习

八、任务资源（高效规范地制作财务表格）

提取码：2222

（操作视频）

（PPT 课件）

（效果文件）

学习任务2　财务人员应掌握的函数

一、学习任务描述

财务人员的工作越来越离不开计算机，更离不开 Excel 软件。在日常财务工作中，经常需要对财务数据进行计算处理，Excel 为用户提供了大量的函数，熟练掌握一些常用函数，能够方便快速地计算出财务数据，起到事半功倍的作用。

本任务将结合实际财务工作中的一些应用案例，对逻辑、数学和三角、查找与引用、统计和文本函数中的一些常用函数进行引导教学，帮助学习者掌握一些应用技巧。

二、实践目标

1. 继续熟悉单元格的操作。
2. 熟练掌握 Excel 工作表公式的设置和使用。
3. 熟练掌握函数的使用。
4. 将所学理论知识和操作技能综合运用于工作实践，提升自己的动手能力。

三、工作任务单

表 2-1　工作任务单

<table>
<tr><th>学习任务名称</th><th>常用函数和公式的应用</th><th>学时</th><th>____学时</th></tr>
<tr><td>任务描述</td><td colspan="3">根据公司的实际情况，给“差旅费报销单”表格文档添加公式和函数，提高报销人员的填报准确性，以节约财务人员日常报销结算的时间。
FS市某机械制造有限公司
差 旅 费 报 销 单
部门：销售部　报销日期：2023年6月20日　报销人
<table>
<tr><td>出差人</td><td colspan="3">齐丽丽</td><td colspan="2">出差地点</td><td colspan="5">郑州</td><td>事 由</td><td colspan="2">催收销货款</td></tr>
<tr><td colspan="4">起</td><td colspan="4">终</td><td rowspan="2">车 船 机 费</td><td rowspan="2">应 补 金 额</td><td rowspan="7">报销单据</td><td>项 目</td><td>张 数</td><td>金 额</td></tr>
<tr><td>月</td><td>日</td><td>时</td><td>地 点</td><td>月</td><td>日</td><td>时</td><td>地 点</td><td>住 宿 费</td><td>5</td><td>700.00</td></tr>
<tr><td>5</td><td>21</td><td>10:30</td><td>佛山</td><td>5</td><td>21</td><td>12:30</td><td>郑州</td><td>1500.00</td><td>160.00</td><td>手 续 费</td><td>1</td><td>6.00</td></tr>
<tr><td>5</td><td>25</td><td>21:18</td><td>郑州</td><td>5</td><td>26</td><td>6:53</td><td>佛山</td><td>380.88</td><td>20.00</td><td>市内交通费</td><td>5</td><td>50.00</td></tr>
<tr><td></td><td></td><td></td><td></td><td></td><td></td><td></td><td></td><td></td><td></td><td></td><td></td><td></td></tr>
<tr><td colspan="4">小　　计</td><td colspan="2">车船机票张数</td><td colspan="2">2</td><td>1,880.88</td><td>180.00</td><td></td><td></td><td></td></tr>
<tr><td colspan="2">住勤补贴</td><td colspan="2">6.0</td><td colspan="5">天　每天补助　20.00　元，　合计补助：</td><td>120.00</td><td>小　计</td><td>11</td><td>756.00</td></tr>
<tr><td colspan="3" rowspan="2">报销合计：</td><td>（大写）</td><td colspan="7">人民币：贰仟柒佰伍拾陆元捌角捌分</td><td colspan="2">出差预借款额</td><td>3000.00</td></tr>
<tr><td>（小写）</td><td colspan="7">￥：2756.88元</td><td colspan="2">齐丽丽应退回现金：</td><td>243.12</td></tr>
</table>
单位负责人：　部门负责人：　项目负责人：　批 准 人：</td></tr>
<tr><td>典型工作过程描述</td><td colspan="3">1. 录入文字—2. 编辑表格—3. 使用函数—4. 创建公式—5. 验证结果</td></tr>
</table>

续表

<table>
<tr><th>学习任务名称</th><th colspan="4">常用函数和公式的应用</th><th>学时</th><th>___学时</th></tr>
<tr><td>学习目标</td><td colspan="6">1. 知识、技能
（1）熟练掌握公式与函数的基本概念；
（2）熟练掌握编辑函数与公式的基本方法；
（3）了解公式中常见的错误值。
2. 提高职业核心能力
（1）提高学生查阅学习资料的能力；
（2）提高学生的文字和语言能力；
（3）提高学生的动手操作能力；
（4）树立职业道德和依法依规工作的意识。
3. 培养良好的职业素养
通过保持活学活用、熟能生巧的良好心态，学会正确使用 Excel 编辑出所需要的文档，同时保持桌面整洁、座椅周围无垃圾杂物、离开机房时物归原处等，逐渐培养良好的基本职业素养。</td></tr>
<tr><td rowspan="2">学时安排</td><td>准备</td><td>计划</td><td>决策</td><td>实施</td><td>检查</td><td>评价</td></tr>
<tr><td>___学时</td><td>___学时</td><td>___学时</td><td>___学时</td><td>___学时</td><td>___学时</td></tr>
<tr><td>对学生的要求</td><td colspan="6">1. 录入文字：在 Excel 工作表中能快速录入文字，并能对文字的字号、字体、对齐方式进行选择设置。
2. 编辑表格：根据步骤 1 在对应的单元格区域设置表格线型，并进行精细调整。
3. 使用函数：根据步骤 2 在 Excel 文档“差旅费报销单”对应单元格结合财务知识使用函数（使用单一函数），并确认函数功能是符合项目需要。
4. 创建公式：通过创建公式完成各种不同项目的计算和引用。
5. 验证结果：公式或函数录入完成，要与手工计算结果对比，以确保所使用函数或设置的公式符合用户要求。</td></tr>
<tr><td>练习文件</td><td colspan="6"></td></tr>
</table>

四、任务分组

表 2-2　学生任务分配表

<table>
<tr><th>学习任务名称</th><th colspan="4">常用函数和公式的应用</th><th>学时</th><th>___学时</th></tr>
<tr><td>班级</td><td colspan="2"></td><td colspan="2">组名</td><td colspan="2"></td></tr>
<tr><td>组长</td><td></td><td>学号</td><td></td><td></td><td>指导老师</td><td></td></tr>
<tr><td rowspan="6">组员</td><td>姓名</td><td>学号</td><td>姓名</td><td>学号</td><td>姓名</td><td>学号</td></tr>
<tr><td></td><td></td><td></td><td></td><td></td><td></td></tr>
<tr><td>姓名</td><td>学号</td><td>姓名</td><td>学号</td><td>姓名</td><td>学号</td></tr>
<tr><td></td><td></td><td></td><td></td><td></td><td></td></tr>
<tr><td>姓名</td><td>学号</td><td>姓名</td><td>学号</td><td>姓名</td><td>学号</td></tr>
<tr><td></td><td></td><td></td><td></td><td></td><td></td></tr>
<tr><td colspan="7">任务分工：</td></tr>
</table>

五、任务工作环节

任务工作环节包括：录入文字、编辑表格、使用函数、创建公式、验证结果 5 个方面，教学和学习的方式及流程有准备、计划、决策、实施、检查、评价共 6 个环节。

1. 工作准备

阅读和理解工作任务，收集用户的具体需求，了解用户的操作环境，结合任务查找相关应用知识并分析任务在实施中的难点和常见的问题。

2. 工作计划

针对“差旅费报销单”编辑过程中所使用的函数或公式应注意的事项、过程中所用到的技巧、最终结果制定工作计划。

引导问题 1： 观看（搜索）任务相关视频。

思考学习：“差旅费报销单”所需要财务知识及使用的函数或公式有哪些？

引导问题 2： 学生分组讨论，根据任务工作环节说出工作过程如何实施，实施过程中的难点与解决方法有哪些。（请根据讨论结果，在下表中填写内容）

序号	难点	解决方法

引导问题 3： 制定工作计划和实施方案步骤。

序号	步骤名称	工作要点

3. 工作决策

在小组内讨论每个同学的方法和步骤，分析优劣，综合每位同学的意见，确定小组的最终实施方案。

<table>
<tr><td rowspan="3">小组决策 □
个人决策 □</td><td>决策意见：（从录入文字、编辑表格、使用函数、创建公式、验证结果等方面考虑）</td></tr>
<tr><td>任务流程：</td></tr>
<tr><td>注意事项：</td></tr>
</table>

4. 工作实施

引导问题 4： 用自己的语言把“差旅费报销单”文档中使用的函数的功能或公式的作用、函数的语法结构等描述出来。

序号	函数名或公式内容	功能或作用	语法结构

引导问题 5： 对应函数的参数录入时，要注意的事项有哪些？

序号	函数名	参数项	注意事项

5. 工作检查

表 2-3　检查单

<table>
<tr><th>任务</th><th colspan="4">完成情况记录</th></tr>
<tr><td>任务是否按计划时间完成</td><td colspan="4"></td></tr>
<tr><td>相关理论完成情况</td><td colspan="4"></td></tr>
<tr><td>技能操作熟练程度</td><td colspan="4"></td></tr>
<tr><td>任务完成情况</td><td colspan="4"></td></tr>
<tr><td>任务创新情况</td><td colspan="4"></td></tr>
<tr><td>文档上交情况</td><td colspan="4"></td></tr>
<tr><td rowspan="3">检查评价</td><td>班级</td><td></td><td>组别</td><td></td></tr>
<tr><td>小组成员</td><td></td><td>组长签名</td><td></td></tr>
<tr><td colspan="4">评语：</td></tr>
</table>

6. 工作评价

各组代表展示成果，介绍任务的完成过程。成果展示前就阐述材料完成评价考核表 2-4，综合等级评价档次统一采用 A【优秀 90（含）~100 分】、B【良好 75（含）~90 分】、C【合格 60（含）~75 分】、D【努力 60 分以下】。

表 2-4　评价考核表

项目名称	评价内容	分值	评价等级		
			自评	互评	师评
职业素养考核项目（40%）	穿戴规范、整洁，仪容仪表符合要求	5 分			
	安全意识、责任意识、服从意识、纪律意识	10 分			
	积极参加教学活动，按时完成学生工作活页	15 分			
	团队合作、沟通交流	10 分			
专业能力考核项目（60%）	专业知识查找及时、准确	5 分			
	操作符合规范	5 分			
	引导问题、表单填写	10 分			
	操作熟练度、工作效率	15 分			
	掌握关键操作要领	15 分			
	成果质量、展示汇报	10 分			
总分					
总评	自评（20%）+ 互评（30%）+ 师评（50%）=	综合等级	教师（签名）：		

7. 巩固训练（课后拓展）

表 2-5　职工工资计算表

FS市某机械制造有限公司

职工工资计算表

序号	工号	姓名	所属部门	身份证号码	年龄	入职时间	工龄(年)	工龄工资(50元/满1年)	部门津贴
1	1001	周国菊	销售部	4406071985*******2	38	2012-4-5	11	550	800
2	1002	韩燕	财务部	4406021980*******3	43	2013-6-1	10	500	500
3	1003	姚金莲	企划部	4406831998*******4	25	2012-3-2	11	550	700
4	1004	谢娟娟	网络安全部	4406041991*******X	32	2016-7-1	6	300	600
5	1005	齐丽丽	销售部	4406051987*******2	36	2018-8-12	4	200	800
6	1006	袁鸿飞	网络安全部	4406051979*******1	44	2010-2-1	13	650	600
7	1007	周梅芳	行政部	4406011980*******2	43	2014-10-20	8	400	500
8	1008	方向坪	财务部	4406051988*******3	35	2017-7-1	5	250	500
9	1009	王磊	销售部	4406021983*******2	40	2016-11-10	6	300	800
10	1010	慈凯	企划部	4406021993*******1	30	2011-1-5	12	600	700
11	1011	唐敏	行政部	4406071982*******1	41	2010-6-20	12	600	500
12	1012	王兴亮	网络安全部	4418011999*******6	24	2016-7-12	6	300	600
13	1013	陈建	行政部	4406071999*******1	24	2010-2-1	13	650	500
14	1014	慈春燕	销售部	4406831998*******0	25	2016-11-1	6	300	800
15	1015	夏婷婷	企划部	4406831988*******3	35	2011-10-5	11	550	700
16	1016	王青	网络安全部	4402031991*******7	32	2013-6-27	9	450	600
17	1017	李娟娟	销售部	4406831987*******8	36	2011-8-15	11	550	800
18	1018	王荣	行政部	4406832000*******4	23	2019-4-21	4	200	500

部门津贴说明：销售部补贴为800元，企划部补贴为700元，行政部、财务部补贴为500元，网络安全部补贴为600元。

部门人数统计

序号	部门名称	人数:18
1	销售部	5人
2	企划部	3人
3	财务部	2人
4	行政部	4人
5	网络安全部	4人

工龄统计

项目	工龄	人数
最高工龄	13年	2
最低工龄	4年	2

说明：灰色单元格部分需要由公式或函数编辑设置完成。

（1）课后在计算机或智能手机上查找线上网页型表格编辑功能或下载 App WPS，对比学习不同表格编辑软件操作；

（2）利用计算机或智能手机中自己熟悉的函数及公式，并按说明练习上述“职工工资计算表”编辑，并把完成的文档上交老师，检查作业完成情况。

六、关于公式与函数的相关知识点

无论你是财务、HR、会计，还是审计、产品经理、经营分析师，都难免与数据和各种报表打交道。如果不具备必要的公式应用和函数能力，你有限的时间必然会浪费在无限的加班中，更别说在职场有一番作为了。

（一）认识公式

Excel 中的公式是以等号“=”开头的算式。

Excel 中的公式构成元素包含：函数名称、数字、单元格地址、连接及引用符号、运算符号。见下面示意图：

永远都在开头的等号	函数名称	数字	单元格地址	连接及引用符号	运算符号
=	SUM	0.01	A1:A5	( ) &	+－*／Λ
	IF	-100	B3	，； “”	=><> =<

温馨提示：公式中所有的符号都必须在英文状态下录入。记住在英文状态下录入！

1. 公式中的运算符

在输入的公式中，各个参与运算的数字和单元格引用都由代表各种运算方式的符号连接而成，这些符号被称为运算符。常用的运算符有算术运算符、文本运算符、比较运算符和引用运算符（如图 2-1 所示）。

	A	B	C	D	E	F	G
1	举例：需要计算的数据		1	2	3	4	5
2	运算符类别	符号名称	数学符号	Excel运算符	数学计算公式	Excel计算公式	Excel计算结果
3	算术运算符	加	+	+	1+2=3	= C1+D1	3
4		减	−	−	1-2=-1	= C1-D1	-1
5		乘	×	*	1×2=2	= C1*D1	2
6		除	÷	/	1+2=0. 5	= C1/D1	0. 5
7		乘方	X^2	X^2	1^2= 1	= C1^D1	1
8		开方	√□	X^(1/2)	√2=1.414	= D1^(C1/D1)	1. 414
9	比较运算符	大于	>	>	1>2判断的结果是：错误	= C1>D1	FALSE
10		小于	<	<	1 < 2判断的结果是：正确	= C1<D1	TRUE
11		大于等于	≥	>=	1≥2判断的结果是：错误	= C1>=D1	FALSE
12		小于等于	≤	<=	1 ≤ 2判断的结果是：正确	= C1<=D1	TRUE
13		不等于	≠	<>	1≠2判断的结果是：正确	= C1<>D1	TRUE
14	引用运算符	冒号	:	区域运算符，对两个引用之间、包括两个引用在内的所有单元格进行引用		= SUM(C1:G1)	15
15		逗号	,	联合运算符，将多个引用合并为一个引用		= SUM(C1:G2, G3:G7)	20. 5
16		空格		交叉运算符，表示几个单元格区域所重叠的那些单元格		= SUM(C1:F3 D1:G1)（这两个单元格区域的共有单元格为C2和C3 ）	9
17	文本运算符		&	表示将几个文本字符串连接起来		= A2&":"&A3&"、"&A9&"、"&A14&"、"&A17	运算符类别：算术运算符、比较运算符、引用运算符、文本运算符

图 2-1　运算符号类别和例举

2. 公式中的引用

只要在 Excel 工作表中使用公式，就离不开单元格的引用问题。引用的作用是标识工作表的单元格或单元格区域，并指明公式中使用的数据位置。通过引用，可以在公式中使用工作表不同部分的数据，也可以在多个公式中使用同一单元格的数值，还可以引用相同工作簿中不同工作表的单元格（如图 2–2 所示）。

单元格引用方式	相对引用	绝对引用	混合引用	三维引用
描述	在复制公式时，当单元格的公式被复制到另一个单元格，单元格的引用地址会自动发生变化，而被引用的单元格保持不变。	在复制公式时，无论单元格被复制到哪里，其公式引用的单元格地址，始终不变。即在列号(字母)、行号(数字)前，都使用$来表示单元格的绝对引用(锁定)。	在复制公式时，绝对的行，或者是绝对的列不改变。即只对行或者是只对列进行绝对引用，也就是在列号(字母)或者行号(数字)前，挂上1个锁头"$"。	在复制公式时，对两个或两个以上工作表中相同单元格或单元格区域的引用。
解释	在D2单元格输入公式：=B2*(1-C2)，向下复制公式查看D5单元格的公式，可以发现公式中引用的单元格自动从D2、B2、C2变成了D5、B5、C5。	B2的位置要进行锁定，所以B2输入后按一下F4键，B2变为$B$2，再输入。复制公式后，观察D2单元格，与D5单元格比较发现，公式中引用的C2单元格变成了C5，而$B$2保持不变。	公式中相对引用部分随公式复制而变化，绝对引用部分不随公式复制而变化，如：$A1、A$1、B$5、$B5。	三维引用分为引用同一工作簿中的工作表和引用其他工作簿的工作表数据。三维引用的语法格式:"工作表名称!单元格地址"。
举例	D2单元格公式：=B2*(1-C2) ↓ 向下复制公式 D5单元格公式：=B5*(1-C5)	D2单元格公式：=$B$2*(1-C2) ↓ 向下复制公式 D5单元格公式：=$B$2*(1-C5)	D2单元格公式：=A2*B1 复制公式时：A列不变、第1行不变 D2单元格公式更改为：=$A2*B$1 ↓ 把D2公式复制到时E5 E5单元格公式：=$A5*C$1	工作表Sheet1【D2】单元格引用工作表Sheet2【D5】单元格数据 ↓ D2单元格公式：=Sheet2!D5

图 2–2　单元格引用方式

3. 创建公式

（1）公式组成规则：

公式必须以英文等号（“=”）开始，然后再输入函数或计算式；

常量、单元格引用、函数名、运算符等必须是英文符号；

参与运算数据的类型必须与运算符相配；

使用函数时，函数参数的数量与类型必须和要求一致；

括号必须成对出现，并且配对正确。

（2）公式种类：

引用其他单元格中的值的公式，例如：=E17*I17+K16 ；

包含内置函数的公式，例如：= “人民币：” &TEXT（INT（G19），“[DBNUM2]”）；

引用其他工作表（跨工作表引用）区域的公式，例如：=Sheet2！ A1 ；

引用其他工作簿（跨工作簿引用）中的单元格的公式，例如：= [员工身份证信息 .xlsx] Sheet1！ $B$2。

（3）公式输入（如图 2–3 所示）：

在工作表中，单击需要输入公式的单元格；

键入“=”（等号），出现公式编辑栏；

根据需要，可以输入多个常量、函数、运算符和引用单元格，以得到所需的计算结果；

按“Enter”键或单击按钮，完成公式的输入。

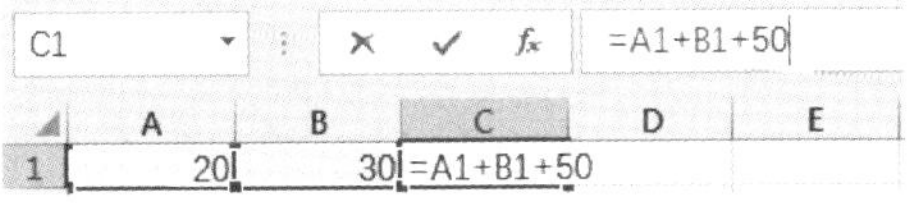

图 2–3　公式输入

说明：输入的公式将以彩色方式标识，其颜色与所引用的单元格标识颜色一致，以便于跟踪公式，帮助用户查询分析公式。

（二）函数

前面说到，Excel 中的公式构成元素包含：函数名称、数字、单元格地址等内容，也就是说函数至关重要。Excel 函数，它是由 Excel 内部预先定义并按照特定的顺序来执行计算、分析等数据处理任务的功能模块。因此，Excel 函数也常被称为“特殊公式”。与公式一样，Excel 函数的最终返回结果为值。Excel 中所提的函数其实是一些预定义的公式，它们使用称为参数的特定数值按特定的顺序或结构进行许多复杂的计算，而且还可以简化公式的繁杂程度，如图 2-4 所示。用户可以直接用它们对某个区域内的数值进行一系列运算，如分析和处理日期值和时间值、确定贷款的支付额、确定单元格中的数据类型、计算平均值、排序显示和运算文本数据等。

Excel 提供了十几类数百个函数，用户可以在公式中使用函数进行运算。如果是新手想要更好地学习 Excel 函数，可以使用 Excel 的帮助功能来快速学习，了解每个函数的功能、设置等信息，前提是能适应语言表述的中西文化差异。

Excel 函数有常用函数、财务函数、日期与时间函数、数学与三角函数、统计函数、查找与引用函数、数据库函数、文本函数、逻辑函数、信息函数等十几类（如图 2-5 所示）。

	A	B	C	D	E	F	G
1	举例：需要计算的数据		1	2	3	4	5
2		Excel计算公式	Excel计算结果				
3	公式表达式	=C1+D1+E1+F1+G1	15				
4	函数表达式	= SUM(C1:G1)	15				

图 2-4　Excel 公式与函数对比

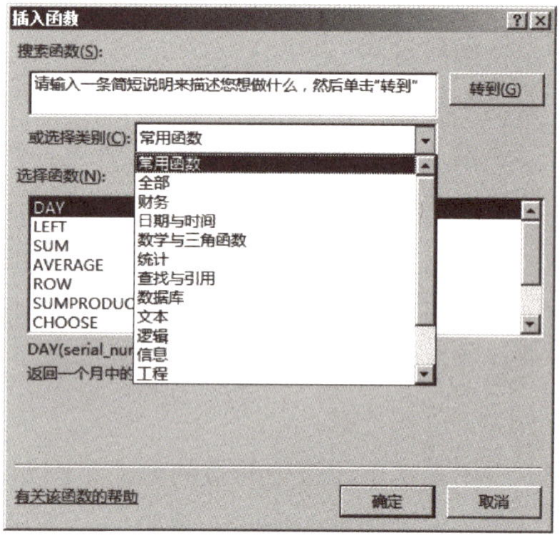

图 2-5　Excel 函数分类

1. 函数的构成（如图 2-6 所示）

函数由函数名及参数构成，其表达式如下：

=函数名（参数 1，参数 2，参数 3，…）

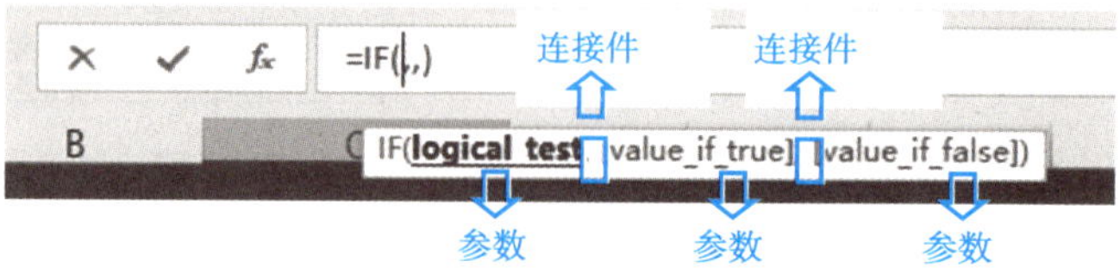

图 2-6　函数的构成

2. 函数使用方法（如图 2–7 所示）

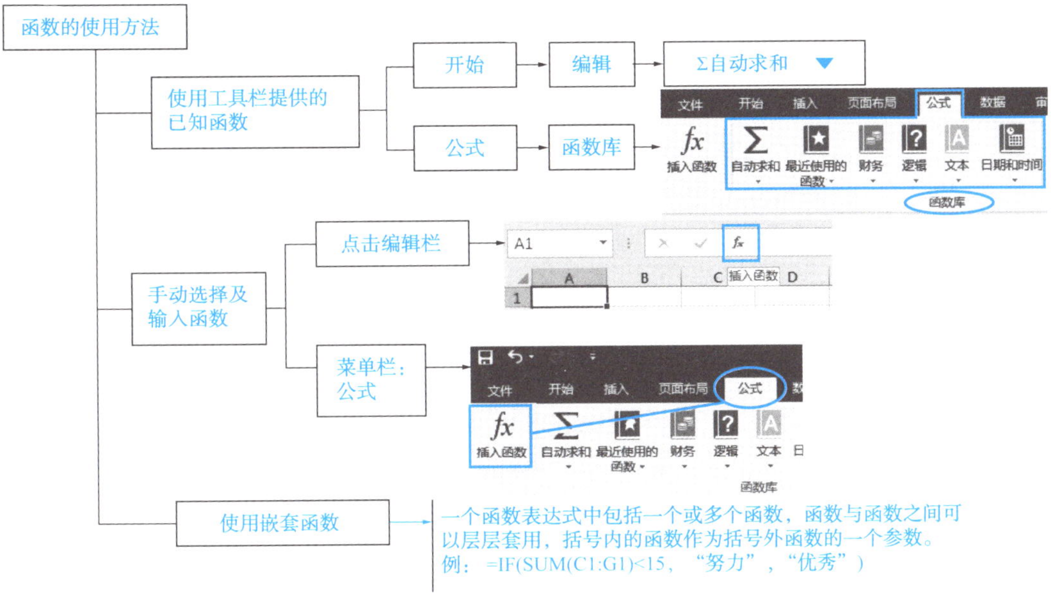

图 2–7　函数使用方法

3. 财务人员应该掌握的函数

函数类型	函数名称及功能
财务函数	PMT（ ）函数：主要功能是基于固定利率及等额分期付款方式来计算每期还款
	FV（ ）函数：主要功能是计算基于固定利率和等额分期付款方式的某项投资的未来值
	PV（ ）函数：主要功能是计算返回投资的现值。现值为一系列未来付款的当前值的累积和
	NPER（ ）函数：主要是计算基于固定利率及等额分期付款方式的投资在某一给定期间内的本金偿还额
	COUNTIF（ ）函数：主要功能是计算区域满足给定条件的单元格的个数
	SLN（ ）函数：主要功能是基于直线折旧法返回某项资产每期的线性折旧值
	DB（ ）函数：主要功能是使用固定余额递减法，计算一笔资产在给定期间内的折旧值
	DDB（ ）函数：主要功能是使用双倍余额递减法或其他指定方法，来计算一笔资产在给定期间内的折旧值
	VDB（ ）函数：主要功能是使用余额递减法，返回指定期间内或部分期间内的某项资产折旧值
	SYD（ ）函数：主要功能是返回某项资产在一指定期间用年数总计法计算的折旧值
统计函数	MIN（ ）函数与 MAX（ ）函数：主要功能是计算一组数值中的最小值与最大值
	TRIMMEAN（ ）函数：主要功能是返回数据集的内部平均值
	AVERAGE（ ）函数：主要功能是返回参数的平均值
	RANK（ ）函数：主要功能是返回一个数值在数值列表中的排序函数名称及功能

函数类型	函数名称及功能
查找与引用函数	INDIRECT（）函数：主要功能是返回文本字符串指定的引用
	LOOKUP（）函数：有两种形式，向量和数组形式，功能是当要查询的值列表较大（小）或者可能会随时间而改变（不变）时使用
	VLOOKUP（）函数：返回表格或数组当前行中的指定列的数据
日期与时间函数	DATE（）函数：主要功能是返回代表某一日期的序列
	DATEDIF（）函数：主要功能是返回两个日期之间的年 / 月 / 日间隔数（Excel 隐藏函数）
	TODAY（）函数：主要功能是返回当前系统日期
	YEAR（）函数和 MONTH（）函数：YEAR 函数的主要功能是返回日期序列中的年份。MONTH 函数的主要功能是返回日期序列中的月份
	HOUR（）和 MINUTE（）函数：HOUR 函数的功能是返回时间序列中的小时数。MINUTE 函数的功能是返回时间序列中的分钟数
	NOW（）函数：主要功能是返回当前日期和时间所对应的序列
数学与三角函数	ROUND（）函数：主要功能是根据用户指定的位数对其数值进行四舍五入运算
	TRUNC（）函数：主要功能是根据用户指定的位数截取小数部分

4. 建议学习思路（思维导图，以 IF 函数为例，如图 2-8、图 2-9 所示）

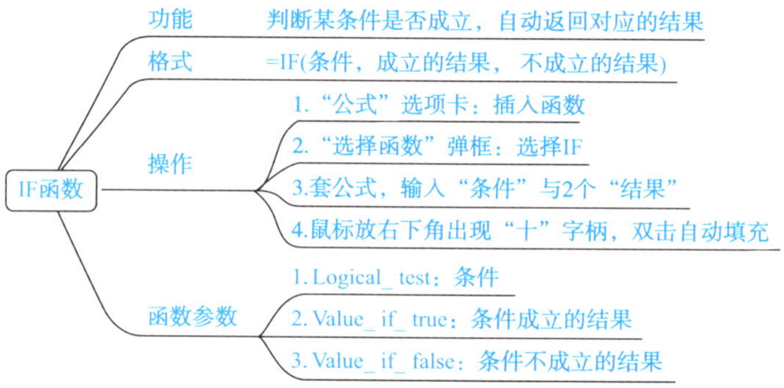

图 2-8　IF 函数学习导图

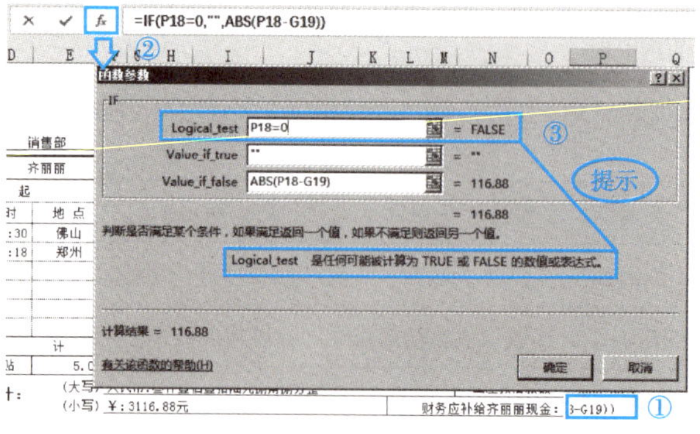

图 2-9　函数对话框使用要点

（三）数组公式

我们在工作时，常常会遇到数据源不允许更改排序，不允许添加辅助列，也不允许使用透视表的情况，因此有些公式无法使用。这个时候使用数组公式，制作 Excel 内置数组：让数据组合起来，方便管理和操作（如图 2–10 所示）。

学习数组公式的口诀：三键合一，Ctrl+Shift+Enter。

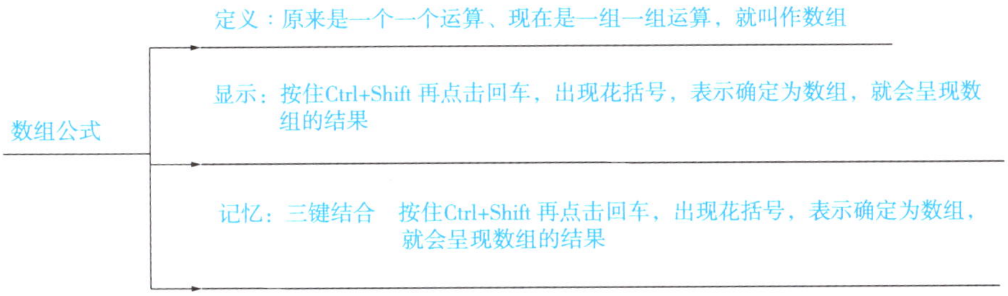

图 2–10　数组公式学习要点

具体操作方法：输入数组公式首先必须选择用来存放结果的单元格区域（可以是一个单元格），在编辑栏输入公式，公式输入完毕后，按 Ctrl+Shift+Enter 组合键锁定数组公式，Excel 将在公式两边自动加上花括号“{}”（如图 2–11 所示）。

图 2–11　数组公式操作示意

（四）公式错误值

在使用公式进行计算时，经常会遇到单元格中出现类似“#NAME”“#VALUE”等信息，这些提示信息都是在使用公式时出现了相应的错误而返回的错误信息值，公式中的错误值一般以“#”开头。如果我们能清楚错误值出现的原因，就能快速定位到公式错误的位置然后改正，了解错误值出现的原因是我们提高 Excel 公式水平必须掌握的知识点，公式错误值包括以下几类。

1.##### 错误

出现原因：列宽不够宽，不能够显示所有的数据，或者单元格包含负的日期或时间。

解决方法：①增加列宽。

②保证日期与时间公式的正确性。

2.#DIV/0！错误

错误原因	解决办法
输入的公式中包含明显的被零除	将除数更改为非零的值
用对空白单元格或包含零的单元格的引用作除数	修改单元格引用，或在用作除数的单元格中输入不为零的值

3.#N/A 错误

出现原因：在公式或函数中没有可用数值时，就会显示这个错误值。如应该引用值或单元格却引用了区域。多出现在 HLOOKUP、LOOKUP、VLOOKUP 函数的使用中。

解决方法：检查参数类型是否正确。

4.#NAME？错误

错误原因	解决办法
公式中引用的名称不存在	确认使用的名称是否存在，若不存在，需要添加名称或修改引用
函数名称拼写错误	修改拼写错误
函数参数类型错误	修改为正确的参数类型
在公式中输入文本时没有使用双引号	Excel 会将其解释为名称，应将公式中的文本括在双引号中
漏掉了区域引用中的冒号（：）	检查公式中使用的所有区域引用是否使用了冒号

5.#NULL！错误

出现原因：输入的数据区域不是一个连续的数据区域，比如在这里我们使用 sum 函数求和，A1：C4 与 E4：G7 这两个区域是不连续的，但是我们将其作为一个参数输入函数中，就会显示这个错误值。

解决方法：查找数据区域中是否输入不连续的数据区域，如果有，将其分开即可。

6.#NUM！错误

错误原因	解决办法
使用了不正确的区域运算符	检查并更改为正确的区域运算符
区域不相交	更改引用，以使其相交

7.#REF！错误

出现原因：当公式包含无效数值时就会显示这个错误值。

解决方法：最简单的方法就是按 Ctrl+z 撤销删除操作，在单元格中将数据删除，而不是删除整列。

8.#VALUE！错误

错误原因	解决办法
当公式需要数字或逻辑值（TRUE 或 FALSE）时却输入了文本	检查公式或函数所需的运算符或参数是否正确
将单元格引用、公式或函数作为数组常量输入	确认数组常量不是单元格引用、公式或函数

七、本章节各练习题目的具体操作详解

本章节的练习共有 3 个，第一个作为课堂教学及练习使用；第二个是课后拓展训练，主要是强化学习者对知识点的掌握；第三个是特例，主要是考查学习者的综合处理文档的能力。无论是课堂练习还是课后拓展训练，请一定要理解或遵循典型工作过程的要求：录入文字、编辑表格、使用函数、创建公式、验证结果。本章节练习是在学习任务 1 的基础上进一步的提升学习。

练习一： 差旅费报销单（如图 2-12 所示）

本章节所提供练习的差旅费报销单，在学习任务 1 中已建立了基础模板，本章节只需要在此基础上进行升级加工，为此，在这里不再作过程中的录入文字、编辑表格介绍。

在练习前，根据任务单中的练习文件栏，扫码下载并打开练习文件。随后，按下列步骤进行练习。

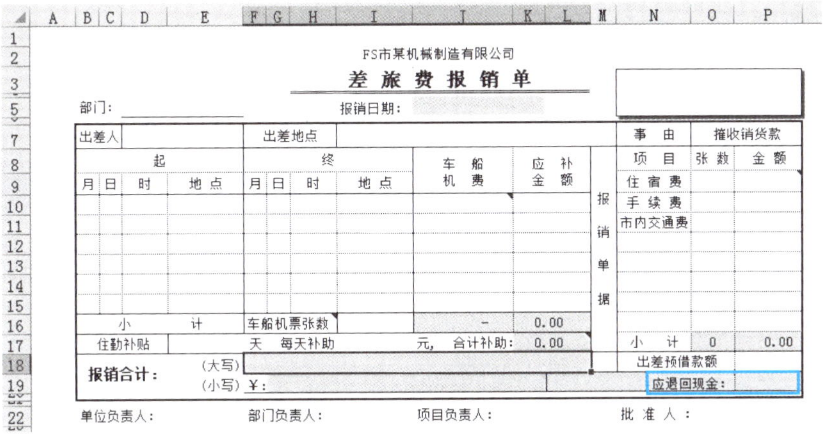

图 2-12　差旅费报销单练习

1. 使用函数

学习函数是一个长期的过程，需要不断地使用、思考、扩展才能让自己达到熟能生巧的地步。

第 1 步　观察"差旅费报销单"整个表单，结合工作常识、财务知识，先标记出表单中使用纯函数的项目及单元格：第 5 行报销日期、第 16 行小计中的"车船机费""应补金额"、第 17 行"合计补助"及小计中的"张数""金额"。

单元格位置	项目名称	函数及注释	备注
J5	报销日期	=NOW（） 显示系统当前日期和时间	可设定特定显示项目
J16	车船机费（小计）	=SUM（J10：J15） 计算 J10：J15 单元格区域中所有数值的和	同理：应补金额 K16、张数 O17、金额 P17

第 2 步　纯函数的项目完成后，就是嵌套函数的录入、第 19 行中的"应退回现金："及后面 P19 单元格的录入。

单元格位置	项目名称	函数及注释	备注
L19	应退回现金	=IF（P18=0，""，IF（P18-G19<0，"财务应补给"& D7 & "现金"&"："，IF（P18-G19>0，D7 & "应退回现金："，0））） 如果出差预借款额 =0，则空格，否则继续判断：如果出差预借款额 -（报销合计）小写 <0，显示"财务应补给"出差人"现金"；否则继续判断：如果出差预借款额 -（报销合计）小写 >0，显示"应退回现金"，否则，显示 0	对出差人预借差旅费多退少补进行提示
P19	应退回现金后空格	=IF（P18=0，""，ABS（P18-G19）） 如果（出差预借款额）P18 为 0，则显示空白，否则，显示"出差预借款额 -（报销合计）小写"差的绝对值	

2. 创建公式

将函数应用于公式中可以完成更多的财务报表数据计算。使用函数，注重的是参数的设置。而创建公式，更多的是需要掌握财务相关知识和关联的考虑，既要使创建的公式简洁，又要准确无误地得出结果。

第 3 步 进行多个单元格组合的公式设置：第 17 行"合计补助"、第 18 行"（大写）"、第 19 行"（小写）¥ ："。

单元格位置	项目名称	函数及注释	备注
K17	合计补助	=E17*I17+K16 住勤天数 × 每天补助 + 车船机路上补贴	特别要注意车船机路上补贴不要与每天补助有冲突
F18	（大写）	="人民币："&TEXT（INT（G19），"[DBNUM2]"）&"元"& TEXT（MID（G19，LEN（INT（G19））+2，1），"[DBNUM2]D 角"）&TEXT（MID（G19，LEN（INT（G19））+3，1），"[DBNUM2]D 分"）&IF（TEXT（MID（G19，LEN（INT（G19））+3，1），"[DBNUM2]D 分"）=""，"整"，""） "人民币："——原样显示"人民币："； TEXT（INT（G19），"[DBNUM2]"）&"元"——对小写金额（G19）整数部分转换成中文大写金额； TEXT（MID（G19，LEN（INT（G19））+2，1），"[DBNUM2]D 角"）——对 G19 取整数并返回字符个数 +2（包含小数点和角位的数字，共 2 位），之后按这个数的值作为长度取数（即角位的数）转换成中文大写 + 角； TEXT（MID（G19，LEN（INT（G19））+3，1），"[DBNUM2]D 分"）——对 G19 取整数并返回字符个数 +3，之后按这个数的值作为长度取数（即分位的数）转换成中文大写 + 分； IF（TEXT（MID（G19，LEN（INT（G19））+3，1），"[DBNUM2]D 分"）=""，"整"，""）——作一个判断，如果有分位数字则空格，否则，显示"整"，最后，加空格收尾	在练习中，可以单独拆分函数来理解。 当然，"公式"I"公式审核"I"公式求值"的按钮，在弹出的下拉菜单中选择"求值"文本框中看到该单元格中的公式
G19	（小写）¥ ：	=J16+K17+P17 车船机费小计 + 合计补助 + 金额小计	

3. 验证结果

这里的验证结果，主要是运用财务知识和手工会计中的操作常识来进行验证。

第 4 步 在出差预借款额后单元格 P18，输入一个金额，如果金额大于报销金额，L19 单元格就显示“× × × 应退回现金”字样，如果金额小于报销金额，L19 单元格则显示“财务应补给 × × × 现金”字样。

第 5 步 查看大写金额是否与小写金额一致，如果一致，就要观察大写金额所显示的结果是否符合财务法则要求：分位有数字时没有“整”字，分位没数字或角位没数字时，就出现“整”字。此外，核查中文金额大写是否规范。

练习二： 职工工资计算表（如图 2–13 所示）

本章节主要讲解的是财务人员应掌握的函数，所以，职工工资计算表练习主要讨论职工工资表中使用的函数，以解决手工方式计算这些数据工作效率低下，容易出错的情况。

在练习前，根据任务单中的练习文件栏，扫码下载并打开练习文件。随后，按典型工作过程的要求：录入文字、编辑表格、使用函数、创建公式、验证结果 5 步骤进行练习。

FS市某机械制造有限公司
职工工资计算表

序号	工号	姓名	所属部门	身份证号码	年龄	入职时间	工龄（年）	工龄工资（50元/满1年）	部门津贴
1	1001	周国菊	销售部	4406071985*******2	38	2012-4-5	11	550	800
2	1002	韩燕	财务部	4406021980*******3	43	2013-6-1	10	500	500
3	1003	姚金莲	企划部	4406831998*******4	25	2012-3-2	11	550	700
4	1004	谢娟娟	网络安全部	4406041991*******X	32	2016-7-1	7	350	600
5	1005	齐丽丽	销售部	4406051987*******2	36	2018-8-12	5	250	800
6	1006	袁鸿飞	网络安全部	4406051979*******1	44	2010-2-1	13	650	600
7	1007	周梅芳	行政部	4406011980*******2	43	2014-10-20	9	450	500
8	1008	方向坪	财务部	4406051988*******3	35	2017-7-1	6	300	500
9	1009	王磊	销售部	4406021983*******2	40	2016-11-10	7	350	800
10	1010	慈凯	企划部	4406021993*******1	30	2011-1-5	12	600	700
11	1011	唐敏	行政部	4406071982*******1	41	2010-6-20	13	650	500
12	1012	王兴亮	网络安全部	4418011999*******6	24	2016-7-12	7	350	600
13	1013	陈建	行政部	4406071999*******1	24	2010-2-1	13	650	500
14	1014	慈春燕	销售部	4406831998*******0	25	2016-11-1	7	350	800
15	1015	夏婷婷	企划部	4406831988*******3	35	2011-10-5	12	600	700
16	1016	王青	网络安全部	4402031991*******7	32	2013-6-27	10	500	600
17	1017	李娟娟	销售部	4406831987*******8	36	2011-8-15	12	600	800
18	1018	王荣	行政部	4406832000*******4	23	2019-4-21	4	200	500

部门津贴说明：销售部补贴为800元，企划部补贴为700元，行政部、财务部补贴为500元，网络安全部补贴为600元。

部门人数统计

序号	部门名称	人数:18
1	销售部	5人
2	企划部	3人
3	财务部	2人
4	行政部	4人
5	网络安全部	4人

工龄统计

项目	工龄	人数
最高工龄	13年	3
最低工龄	4年	1

图 2–13 职工工资计算表

1. 使用函数

学习函数是一个长期的过程，需要不断地使用、思考、扩展才能让自己达到熟能生巧的地步。

第 1 步 观察“职工工资计算表”整个表单，结合工作常识、财务知识，先完成表单中使用函数的项目，当然先后顺序不重要，使用哪一类型函数也没有定性，关键是能正确得出所需要的结果，并且简洁明了。

单元格位置	项目名称	函数及注释	备注
N3	销售部人数	=COUNTIF（D：D，M3） 统计 D 列（所属部门）中销售部（M3）的个数	同理：企划部人数（N4）、财务部人数（N5）、行政部（N6）、网络安全部人数（N7），拖动 N3 单元格向下即可完成
N2	部门人数合计	=”人数：”&SUMIF（M3：M7，”＊部”，N3：N12） 显示字符“人数：”之后，对所有部门（M3：M7 单元格区域）对应的人数（N3：N12 单元格区域）进行求和	
M11	最高工龄	=MAX（H：H）&”年” 返回工龄（年）H 列中最大的值，并加上字符“年”	同理：最低工龄，函数变为 MIN
N11	人数（最高工龄）	=COUNTIF（H：H，LEFT（M11，2）） 返回最高工龄 M11 从第一位开始的 2 个字符，并统计 H 列中满足这个字符数值的个数	同理：最低工龄
H3	工龄（年）	=DATEDIF（G3，TODAY（），”Y”） 求得入职时间 G3 单元格里日期距今天（计算机系统日期）的年数	DATEDIF 函数是一个 Excel 中隐藏的、但功能非常强大的日期函数，主要用于计算两个日期之间的天数、月数或年数
J3	部门津贴	=IF（D3=”销售部”，800，IF（D3=”财务部”，500，IF（D3=”企划部”，700，IF（D3=”行政部”，500，600）））） 通过所属部门 D3 单元格进行部门判别，然后，根据部门津贴说明给对应的补贴	表单中有部门津贴的说明。 注意，部门逐级推进，作多次判别，每次显示对应的一个结果

2. 创建公式

不同的财务表单，在创建公式时，既要注意清晰性原则，又要考虑谨慎性原则。

第 2 步 对年龄和工龄工资（50 元 / 满 1 年）进行创建公式。

单元格位置	项目名称	函数及注释	备注
F3	年龄	=YEAR（TODAY（））-MID（E3，7，4） 用系统当前日期减去提取出身份证号码中的出生年份的差	这个年龄并不涉及工资发放，可以粗放考虑
I3	工龄工资（50 元 / 满 1 年）	=H3*50 工龄乘以 50	工龄工资涉及资金问题，未满一年绝对不能给补贴

3. 验证结果

这里的验证结果，主要是资金运用的正确性来进行验证。前提是录入完毕基础数据：姓名、所属部门、身份证号码和入职时间。

第 3 步 尝试修改一下“入职时间”，特别是月份，查看一下所得结果是否正确，比如：系统日期是 2023 年 11 月，入职时间是 2021 年 12 月，所得结果应该是 1，而不是 2。因为入职不足 2 年。当然，对应的工龄工资也就只能是 50。

第 4 步 尝试修改一下姓名所对应的“所属部门”名称，查看对应的补贴是否有变化。比如：周国菊从销售部调整到企划部，那么对应的补贴由 800 元变为 700 元。

练习三：特例练习（各地区销售业绩的中位数，如图 2-14 所示）

本特例练习主要是针对数组公式入门。数组在内存中直接运算，运算速度会比其他公式快许多，数组公式是针对遇到的数据源不允许更改排序、不允许添加辅助列、不允许使用透视表的情况使用，所以在处理大量的数据时一般采用数组运算而非公式直接运算。

	A	B	C	D	E	F	G
1	请计算各地区销售业绩的中位数						
2	工号	姓名	地区	销售业绩(万元)		地区	销售业绩(中位数)
3	1001	周国菊	三水	956		顺德	695
4	1005	齐丽丽	顺德	961		禅城	763
5	1014	慈春燕	高明	968		南海	760
6	1009	王磊	顺德	951		三水	734.5
7	1017	李娟娟	三水	955		高明	779
8	3010	王国庆	南海	943		全地区	760
9	1029	李新刚	顺德	947			
10	2003	马鑫	禅城	946		说明：用数组公式来解决了	
11	......						

图 2-14　特例（数组公式）样图

1. 使用函数或创建公式

在学习了前面 2 个练习后，大家应该已有明晰的思路：使用函数或创建公式的先后顺序并不会影响整个表单的编辑，重点在于所使用的函数或创建的公式符合使用要求并得到正确结果。

第 1 步　选择并单击 G3 单元格，直接录入嵌套函数。

单元格位置	项目名称	函数及注释	备注
G3	顺德【销售业绩（中位数）】	=QUARTILE（IF（$C$3：$C$231=F3，$D$3：$D$231，""），2） 先做一个虚拟数组，用 IF 函数判断 C 列是否满足是顺德，是，数据留下，不是则数据为空。接着，使用 QUARTILE 函数对虚拟数组求中位数	Quart 参数的值在 0~4 之间： 0，最小值 1，第一个四分位数（第 25 个百分点值） 2，中分位数（第 50 个百分点值） 3，第三个四分位数（第 75 个百分点值） 4，最大值

第 2 步　把鼠标光标定位在公式栏，然后按键盘 Ctrl+Shift+Enter，即可以得到 G3 顺德地区销售业绩的中位数。拖动鼠标向下拉，得到禅城、南海、三水、高明地区销售业绩的中位数。

第 3 步　计算全地区中位数，选择并单击 G8 单元格。

单元格位置	项目名称	函数及注释	备注
G8	全地区【销售业绩（中位数）】	=QUARTILE（G3：G7，2） 使用 QUARTILE 函数对 G3：G7 单元格区域求中位数，得到全地区销售业绩的中位数	

2. 验证结果

这个特例练习的验证结果，方法多种多样，我们可以使用最基础的办法，把工作表内容复制出来进行排序，再求出中位数。

八、任务资源（财务人员应掌握的函数）

提取码：4444

（操作视频）

（PPT 课件）

（效果文件）

学习任务 3　财务数据分析与处理

一、学习任务描述

财务人员在掌握了专业的制表技能和技巧后，为了更加高效地对财务数据进行分析和处理，提供给阅读和使用者更清晰的效果，还需要掌握一些表格数据的实用处理技能，如突出显示重要财务数据，排序、筛选和分类汇总财务数据，以及对财务数据进行合并计算。

本任务将把这些实用的数据处理功能介绍给用户，帮助用户事半功倍地完成财务数据的分析和处理。

二、实践目标

1. 熟练掌握 Excel 工作表的数据处理功能和技巧。

2. 将所学理论知识和操作技能综合运用于工作实践，提升自己的动手能力。

三、工作任务单

表 3–1　工作任务单

学习任务名称	财务数据分析与处理	学时	____学时
任务描述	根据公司的实际情况，对“职工工资一览表”表格文档单元格进行排序、筛选等设置，方便财务人员对财务数据进行分析和处理，为决策部门提供有效信息。		

PS市某机械制造有限公司

2023年11月职工工资一览表

工号	姓名	所属部门	01基本工资	02工龄工资	03职务津贴	04绩效提成	05交通补贴	06其他补贴	07应付工资	08代扣五险一金	09计税工资	10代扣代缴个税	11应发工资	12考勤扣款	13其他扣款	14实发工资
1001	周国菊	销售部	6000	700	800	735.00	300	150	8535.00	413.16	8121.84	102.18	8019.66	✖ 200	60	[illegible]
1002	韩燕	财务部	4500	850	500	825.00	100	150	6575.00	413.16	6161.84	34.86	6126.98	✖ 150	10	[illegible]
1003	姚金莲	企划部	6500	550	700	1,162.50	150	150	9212.50	413.16	8799.34	169.93	8629.41	✖ 218	30	[illegible]
1004	谢娟娟	网络安全部	3000	650	600	592.50	200	150	4892.50	413.16	4479.34	-	4479.34	✔ -	-	[illegible]
1005	齐丽丽	销售部	5200	550	800	620.00	300	150	7270.00	413.16	6856.84	55.71	6801.13	✔ -	-	[illegible]
1006	袁鸿飞	网络安全部	5500	500	600	1,012.50	200	150	8112.50	413.16	7699.34	80.98	7618.36	✔ -	-	[illegible]
1007	周梅芳	行政部	5000	300	500	885.00	100	150	7035.00	413.16	6621.84	48.66	6573.18	✔ -	-	[illegible]
1008	方向坪	财务部	5500	550	500	945.00	100	150	7495.00	413.16	7081.84	62.46	7019.38	✖ 185	-	[illegible]
1009	王磊	销售部	4500	400	800	560.00	300	150	6610.00	413.16	6196.84	35.91	6160.93	✔ -	-	[illegible]
1010	瑟凯	企划部	4000	450	700	795.00	150	150	6395.00	413.16	5981.84	29.46	5952.38	✖ 225	-	[illegible]
1011	唐敏	行政部	5500	150	500	997.50	100	150	7897.50	413.16	7484.34	74.53	7409.81	✔ -	-	[illegible]
1012	王兴亮	网络安全部	4500	0	600	810.00	200	150	6560.00	413.16	6146.84	34.41	6112.43	✔ -	-	[illegible]
2023年5月合计			59700	5350	7600	9940	2200	1800	86590	4957.92	81632.08	729.09	80902.99	978	100	79824.99

典型工作过程描述	1. 创建工作表—2. 使用函数或公式—3. 分析或处理数据—4. 验证结果
学习目标	1. 知识、技能 （1）熟练掌握突出显示重要的财务数据； （2）熟练掌握排序、筛选、汇总等数据处理功能和技巧； （3）了解多工作表数据的汇总。 2. 提高职业核心能力 （1）提高学生查阅学习资料的能力； （2）提高学生的文字和语言能力； （3）提高学生的动手操作能力； （4）树立职业道德和依法依规工作的意识。

<table>
<tr><th>学习任务名称</th><th colspan="3">财务数据分析与处理</th><th colspan="2">学时</th><th>____学时</th></tr>
<tr><td>学习目标</td><td colspan="6">3. 培养良好的职业素养
通过保持活学活用、熟能生巧的良好心态，学习正确使用 Excel 编辑出所需要的文档，同时保持桌面整洁、座椅周围无垃圾杂物、离开机房时物归原处等，逐渐培养良好的基本职业素养。</td></tr>
<tr><td rowspan="2">学时安排</td><td>准备</td><td>计划</td><td>决策</td><td>实施</td><td>检查</td><td>评价</td></tr>
<tr><td>____学时</td><td>____学时</td><td>____学时</td><td>____学时</td><td>____学时</td><td>____学时</td></tr>
<tr><td>对学生的要求</td><td colspan="6">1. 创建工作表：首先，要查看用户需求，详细了解任务内容。其次，学会运用所学知识建立工作表，并能设计列示工作表所需要的数据项目名称。
2. 使用函数或公式：根据步骤 1 在 Excel 文档“职工工资一览表”对应单元格进行数据项目函数或公式设置，获取每个项目所需要的数据值。
3. 分析或处理数据：处理的数据有不同的设置效果，升序、降序或突显颜色都会按用户要求有所不同。
4. 验证结果：数据项目设置完成，效果是否达到要求，在给决策者审阅前，必须再次核对。</td></tr>
<tr><td>练习文件</td><td colspan="3">练习文件</td><td colspan="3">拓展练习文件</td></tr>
</table>

四、任务分组

表 3–2　学生任务分配表

<table>
<tr><th>学习任务名称</th><th colspan="3">财务数据分析与处理</th><th>学时</th><th colspan="2">____学时</th></tr>
<tr><td>班级</td><td colspan="2"></td><td>组名</td><td colspan="3"></td></tr>
<tr><td>组长</td><td colspan="2"></td><td>学号</td><td></td><td>指导老师</td><td></td></tr>
<tr><td rowspan="6">组员</td><td>姓名</td><td>学号</td><td>姓名</td><td>学号</td><td>姓名</td><td>学号</td></tr>
<tr><td></td><td></td><td></td><td></td><td></td><td></td></tr>
<tr><td>姓名</td><td>学号</td><td>姓名</td><td>学号</td><td>姓名</td><td>学号</td></tr>
<tr><td></td><td></td><td></td><td></td><td></td><td></td></tr>
<tr><td>姓名</td><td>学号</td><td>姓名</td><td>学号</td><td>姓名</td><td>学号</td></tr>
<tr><td></td><td></td><td></td><td></td><td></td><td></td></tr>
<tr><td colspan="7">任务分工：</td></tr>
</table>

五、任务工作环节

任务工作环节包括：创建工作表、使用函数或公式、分析或处理数据、验证结果4个方面，教学和学习的方式及流程有准备、计划、决策、实施、检查、评价共6个环节。

1. 工作准备

阅读和理解工作任务，收集用户的具体需求，了解用户的操作环境，结合任务查找相关应用知识并分析任务在实施中的难点和常见的问题。

2. 工作计划

针对“职工工资一览表”编辑过程中所使用的处理数据项目、过程中所用到的技巧、最终结果制定工作计划。

引导问题1：观看（搜索）任务相关视频。

思考学习：分析处理“职工工资一览表”数据有哪些选择项目。

____

____

____

____

引导问题2：学生分组讨论，根据任务工作环节说出工作过程如何实施，实施过程中的难点与解决方法有哪些。（请根据讨论结果，在下表中填写内容）

序号	难点	解决方法

引导问题3：制定工作计划和实施方案步骤。

序号	步骤名称	工作要点

3. 工作决策

在小组内讨论每个同学的方法和步骤，分析优劣，综合每位同学的意见，确定小组的最终实施方案。

小组决策 ☐ 个人决策 ☐	决策意见：（从创建工作表、使用函数或公式、分析或处理数据、验证结果等方面考虑）
	任务流程：
	注意事项：

4. 工作实施

引导问题 4： 编辑“职工工资一览表”文档，用自己的语言把所使用的数据处理项目的作用和效果描述出来。

序号	处理数据项目	作用	效果

引导问题 5： 对应处理数据项目设置时，要注意的事项有哪些？

序号	处理数据项目	项目设置要求	注意事项

5. 工作检查

表 3–3 检查单

任务	完成情况记录			
任务是否按计划时间完成				
相关理论完成情况				
技能操作熟练程度				
任务完成情况				
任务创新情况				
文档上交情况				
检查评价	班级		组别	
	小组成员		组长签名	
	评语：			

6. 工作评价

各组代表展示成果，介绍任务的完成过程。成果展示前就阐述材料完成评价考核表 3–4，综合等级评价档次统一采用 A【优秀 90（含）~100 分】、B【良好 75（含）

~90 分】、C【合格 60（含）~75 分】、D【努力 60 分以下】。

表 3–4　评价考核表

项目名称	评价内容	分值	评价等级		
			自评	互评	师评
职业素养考核项目（40%）	穿戴规范、整洁，仪容仪表符合要求	5 分			
	安全意识、责任意识、服从意识、纪律意识	10 分			
	积极参加教学活动，按时完成学生工作活页	15 分			
	团队合作、沟通交流	10 分			
专业能力考核项目（60%）	专业知识查找及时、准确	5 分			
	操作符合规范	5 分			
	引导问题、表单填写	10 分			
	操作熟练度、工作效率	15 分			
	掌握关键操作要领	15 分			
	成果质量、展示汇报	10 分			
总分					
总评	自评（20%）+ 互评（30%）+ 师评（50%）=	综合等级	教师（签名）：		

7. 巩固训练（课后拓展）

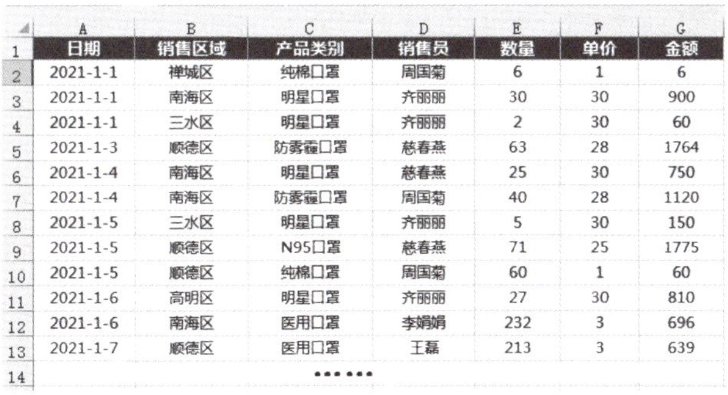

	A	B	C	D	E	F	G
1	日期	销售区域	产品类别	销售员	数量	单价	金额
2	2021-1-1	禅城区	纯棉口罩	周国菊	6	1	6
3	2021-1-1	南海区	明星口罩	齐丽丽	30	30	900
4	2021-1-1	三水区	明星口罩	齐丽丽	2	30	60
5	2021-1-3	顺德区	防雾霾口罩	慈春燕	63	28	1764
6	2021-1-4	南海区	明星口罩	慈春燕	25	30	750
7	2021-1-4	南海区	防雾霾口罩	周国菊	40	28	1120
8	2021-1-5	三水区	明星口罩	齐丽丽	5	30	150
9	2021-1-5	顺德区	N95口罩	慈春燕	71	25	1775
10	2021-1-5	顺德区	纯棉口罩	周国菊	60	1	60
11	2021-1-6	高明区	明星口罩	齐丽丽	27	30	810
12	2021-1-6	南海区	医用口罩	李娟娟	232	3	696
13	2021-1-7	顺德区	医用口罩	王磊	213	3	639
14				……			

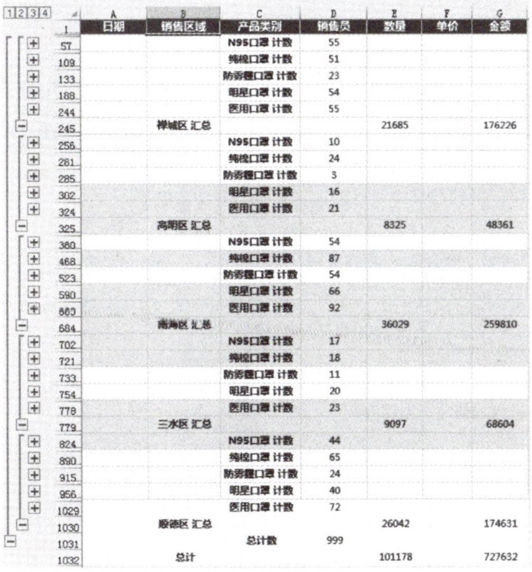

	A	B	C	D	E	F	G
1	日期	销售区域	产品类别	销售员	数量	单价	金额
57			N95口罩 计数	55			
109			纯棉口罩 计数	51			
133			防雾霾口罩 计数	23			
188			明星口罩 计数	54			
244			医用口罩 计数	55			
245		禅城区 汇总			21685		176226
256			N95口罩 计数	10			
281			纯棉口罩 计数	24			
285			防雾霾口罩 计数	3			
302			明星口罩 计数	16			
324			医用口罩 计数	21			
325		高明区 汇总			8325		48361
380			N95口罩 计数	54			
468			纯棉口罩 计数	87			
523			防雾霾口罩 计数	54			
590			明星口罩 计数	66			
660			医用口罩 计数	92			
684		南海区 汇总			36029		259810
702			N95口罩 计数	17			
721			纯棉口罩 计数	18			
733			防雾霾口罩 计数	11			
754			明星口罩 计数	20			
778			医用口罩 计数	23			
779		三水区 汇总			9097		68604
824			N95口罩 计数	44			
890			纯棉口罩 计数	65			
915			防雾霾口罩 计数	24			
956			明星口罩 计数	40			
1029			医用口罩 计数	72			
1030		顺德区 汇总			26042		174631
1031			总计数	999			
1032		总计			101178		727632

说明：样图要求为通过排序、分类汇总编排出样图效果。

图 3–1　综合练习一

（1）课后在计算机或智能手机上查找线上网页型表格编辑功能或下载 App WPS，对比学习不同表格编辑软件操作；

（2）利用计算机或智能手机中自己熟悉的表格编辑功能完成“练习一”练习，并把完成的文档上交老师检查作业完成情况。练习要求：

Ⅰ. 将销售区域作为主要关键词、升序，产品类别作为次要关键词、升序，进行排序。

Ⅱ. 分类汇总销售区域的数量、金额。

Ⅲ. 进行二次分类汇总，产品类别，汇总方式：计数，销售员。

六、关于数据处理分析的相关知识点

（一）突出显示重要的财务数据

用户在处理数据时，为了让使用者更直观地了解某些财务数据情况，可使用 Excel 中的突出显示单元格规则、项目选取规则、数据条、图标集以及新建规则来实现，这样可使数据分析更具表现力。

1. 利用突出显示单元格规则使数据分析更具表现力

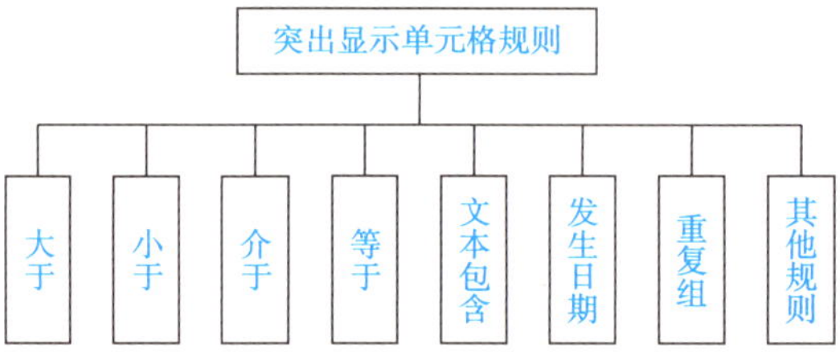

具体操作：选中单元格区域→“开始”选项卡→“样式”组→单击“条件格式”按钮→在列表中选择“突出显示单元格规则”→“大于、小于、介于……”选择“大于”选项，如图 3-2 所示。

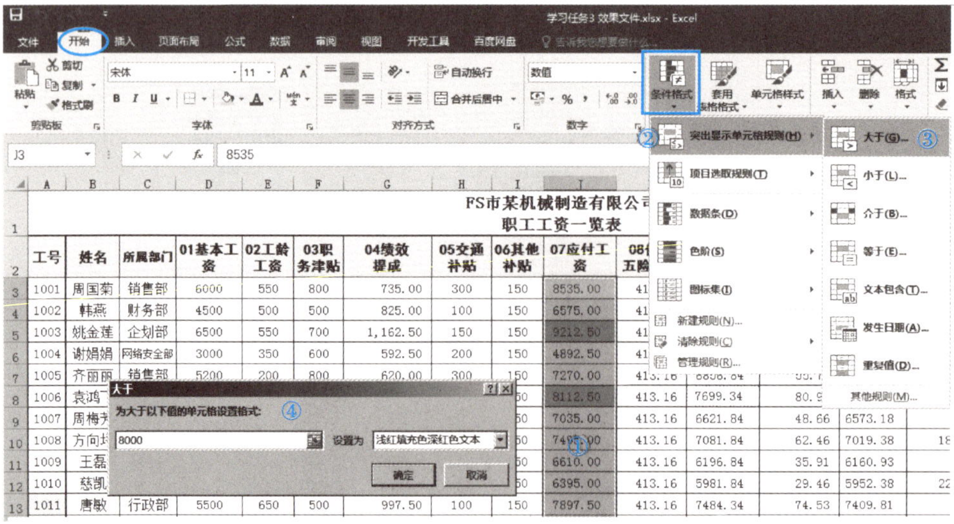

图 3-2　突出显示单元格规则

2. 利用项目选取规则标识数据

如果要突出显示特定的数据，如突出显示前几项、后几项、高于或低于平均值的数据，可使用“项目选取规则”功能来实现。“项目选取规则”允许用户识别项目中最大或最小的百分数或数字所指定的项，或者指定大于或小于平均值的单元格。

具体操作：选中单元格区域→“开始”选项卡→“样式”组→单击“条件格式”按钮→在列表中选择“项目选取规则”→“前 10 项、前 10%、最后 10 项……”选择“其他规则”选项，如图 3–3 所示。

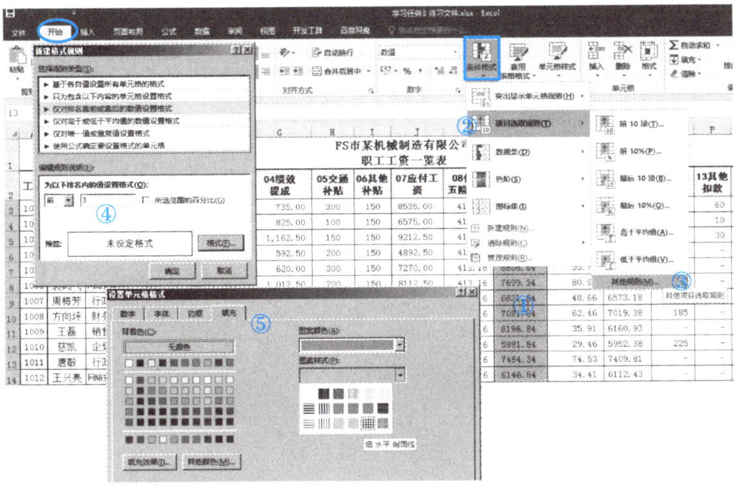

图 3–3　项目选取规则

3. 使用图标集查看目标完成情况

当用户想要使单元格数据看上去非常醒目，就可以使用 Excel 中的图标集，它的功能是在符合条件的单元格中显示指定的图标。

具体操作：选中单元格区域→“开始”选项卡→“样式”组→单击“条件格式”按钮→在列表中选择“图标集”→“其他规则”选项，如图 3–4 所示。

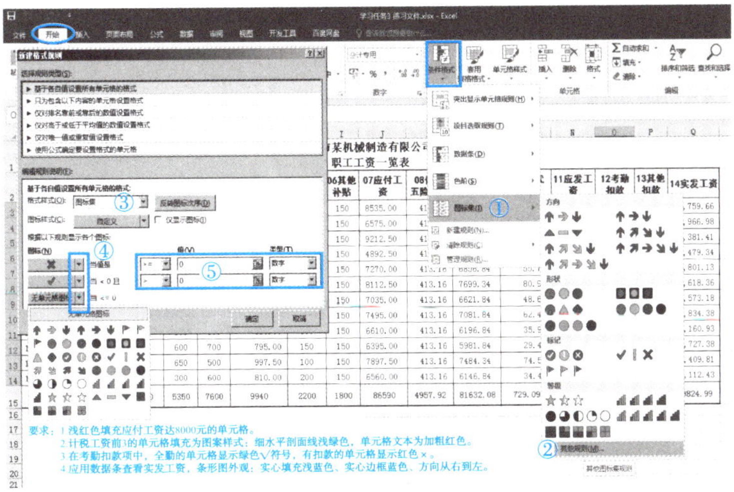

图 3–4　图标集

4. 应用数据条对比查看财务数据

用户处理数据时，需要了解单元格中数值的大小，也就是说把数字的大小形象化。通过添加数据标识，数据条的长短真实反映了数据的大小，当数据都是正值时，数据条越长，则数据值越大；数据条越短，表示数据值越小。通过该功能，可使单元格中的数据大小一目了然。

具体操作：选中单元格区域→“开始”选项卡→“样式”组→单击“条件格式”按钮→列表中选择“图标集”→“其他规则”选项，如图 3-5 所示。

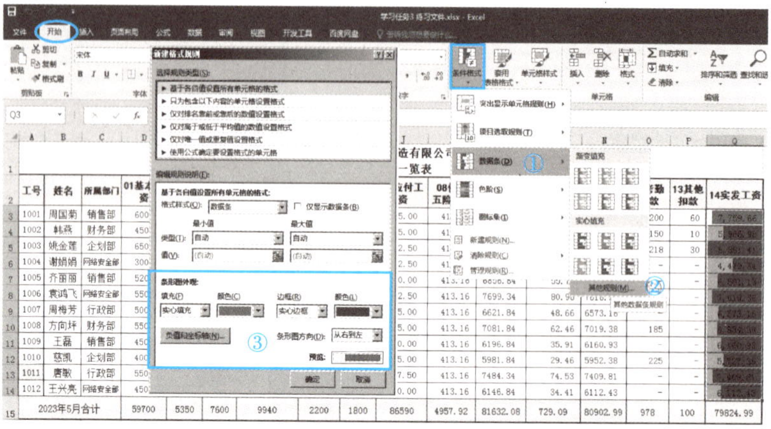

图 3-5　图标集

（二）排序、筛选、汇总财务数据

当用户面对包含成千上万条数据信息的表格时，经常会有些无所适从，掌握快速查找、筛选出所需信息的知识，对特定数据进行比较、汇总等，可以大大简化分析与处理复杂数据工作的烦琐性，能够有效提高工作效率。

1. 将无序的财务数据变为有序的序列

要将财务数据中的数据按照一定的规定进行排序，这时可以使用 Excel 中的“排序”来实现。

（1）对单列数据进行排序：

方法一：选中排序列中的任意数据单元格→“开始”选项卡→“编辑”组→单击“排序和筛选”按钮→选择“升序、降序、自定义排序”任一选项，如图 3-6 所示。

方法二：选中排序列中的任意数据单元格→“数据”选项卡→“排序和筛选”组→单击“$^{A}_{Z}\downarrow$”或“$^{Z}_{A}\downarrow$”按钮，如图 3-7 所示。

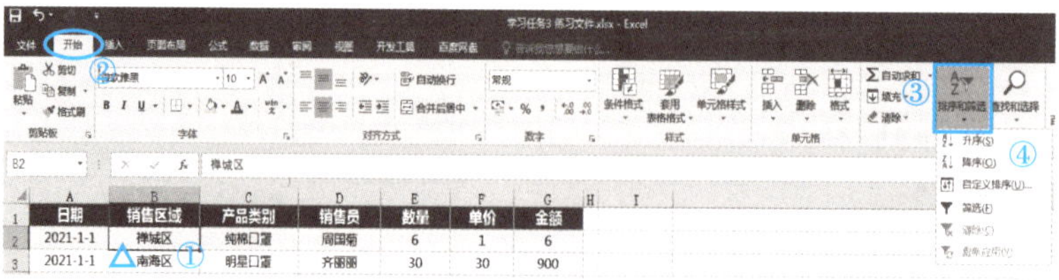

图 3-6　单列排序方法一

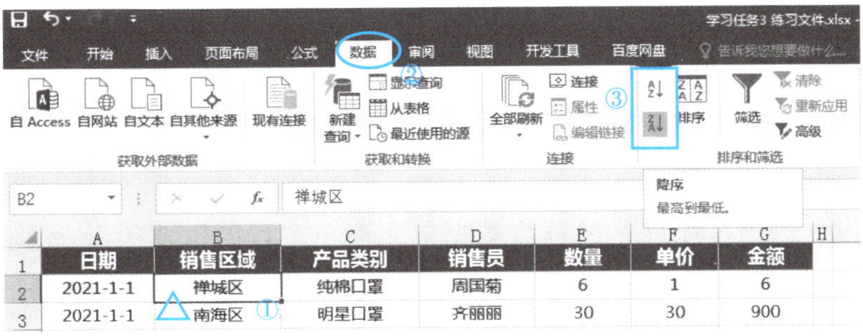

图 3–7　单列排序方法二

（2）对多列数据进行排序：

具体操作：选中排序列中的任意数据单元格→“数据”选项卡→“排序和筛选”组→单击“排序”按钮→添加条件“主要关键字、次要关键字……”，如图 3–8 所示。

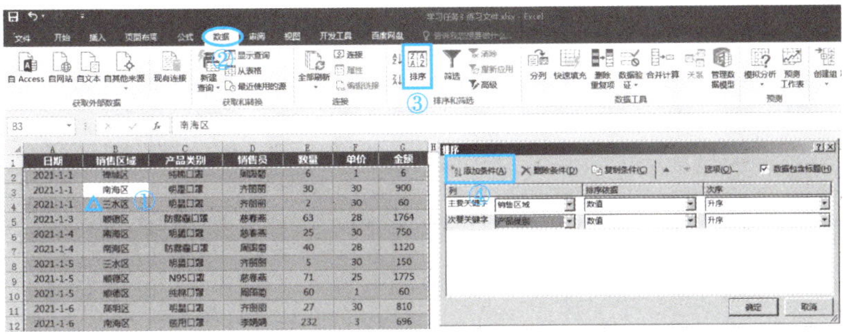

图 3–8　多列排序

（3）按笔画对姓名进行排序：

具体操作：选中排序列中的任意数据单元格→“数据”选项卡→“排序和筛选”组→单击“排序”按钮→添加条件“主要关键字、次要关键字……”→选项→按需设置，如图 3–9 所示。

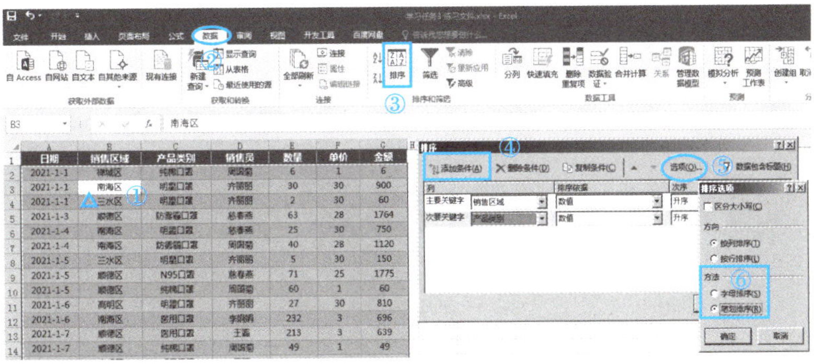

图 3–9　按笔画排序

2. 从数据中筛选提炼所需的财务数据

为了方便用户查看、统计和打印数据，有时只想显示符合条件的数据，使用数据筛选可以快速显示选定数据行的数据，从而提高工作效率。Excel 提供了多种筛选数据的方法，用户可根据实际的财务表格选择合适的方式提炼所需的财务数据。

（1）自动筛选：

具体操作： 选中排序列中的任意数据单元格→“数据”选项卡→“排序和筛选”组→单击“筛选”按钮→对应单元格旁出现倒小三角符号→按需设置，如图 3–10 所示。

（2）模糊筛选：

具体操作： 选中排序列中的任意数据单元格→“数据”选项卡→“排序和筛选”组→单击“筛选”按钮→对应单元格旁出现倒小三角符号→在展开的列表的搜索框中输入要模糊筛选的内容，如图 3–11 所示。

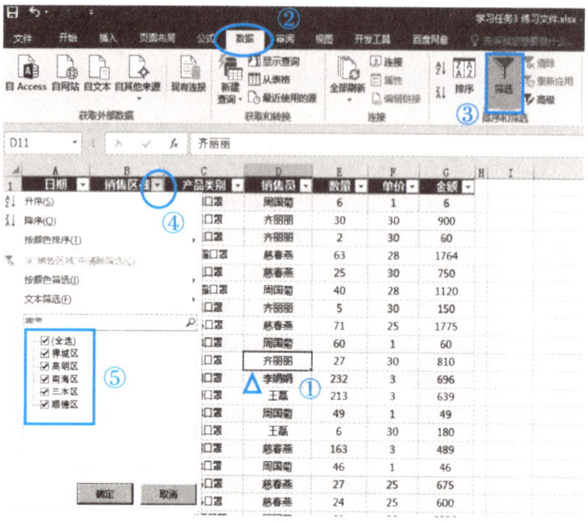

图 3–10　自动筛选

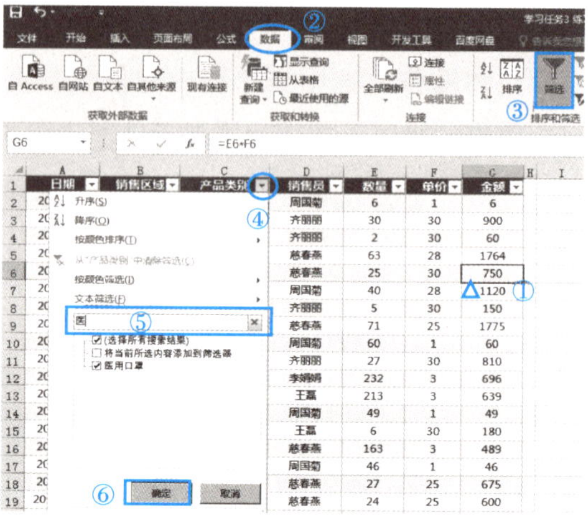

图 3–11　模糊筛选

（3）自定义筛选：

具体操作： 选中排序列中的任意数据单元格→“数据”选项卡→“排序和筛选”组→单击“筛选”按钮→对应单元格旁出现倒小三角符号→“数字筛选”→“自定义筛选”选项，如图 3–12 所示。

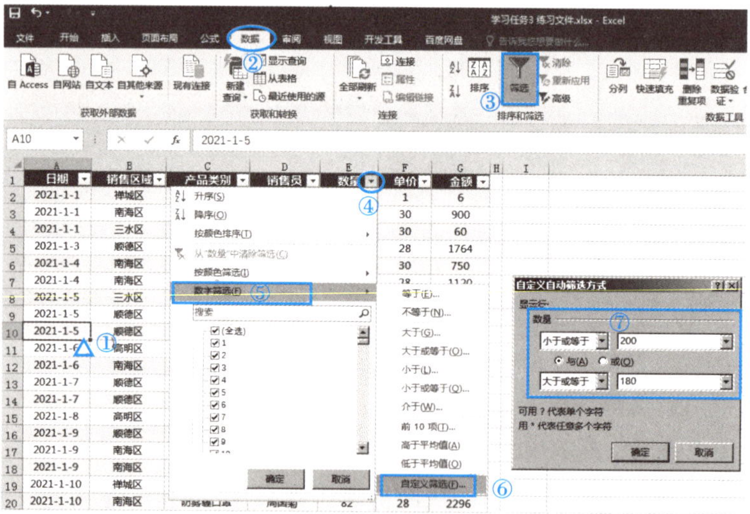

图 3–12　自定义筛选

（4）高级筛选：

具体操作：选中排序列中的任意数据单元格→“数据”选项卡→“排序和筛选”组→单击“高级”按钮→“在原有区域显示筛选结果、将筛选结果复制到其他位置”→按需选择及设置，如图 3–13 所示。

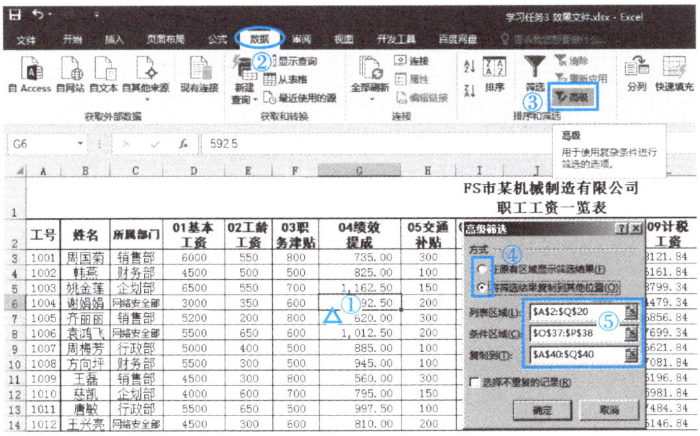

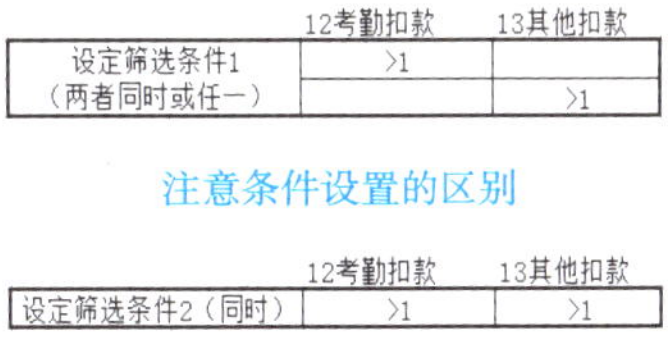

图 3–13　高级筛选　　　　图 3–14　筛选条件设定

注意：1. 高级筛选结果的显示所放置的单元格区域，即图 3–13 ④。

2. 一定要有条件设置的区域，并列出设置条件。

3. 在多项条件的情况下设置条件的两种情况：一是满足任意一个条件；二是条件必须同时满足，如图 3–14 所示。

3. 分类汇总财务数据让数据更有条理

分类汇总可以为同一类别的记录自动添加合计或小计，此功能是数据库分析过程中一个非常实用的功能。为了让相同数据行汇总在一个类别中，一定要先对表格按关键字段进行排序操作。

（1）创建分类汇总：

具体操作：选中排序列中的任意数据单元格→“数据”选项卡→“排序和筛选”组→单击“升序”或“降序”按钮→“分级显示”组→单击“分类汇总”按钮→按需选择及设置，如图 3–15 所示。

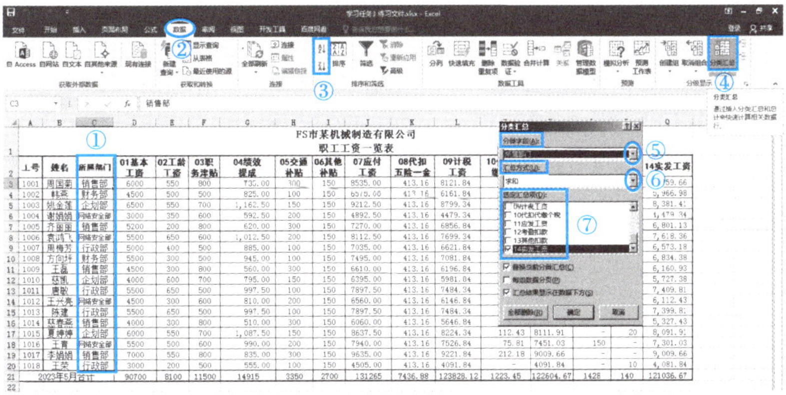

图 3–15　分类汇总

（2）显示或隐藏明细数据：

具体操作：“数据”选项卡→“分级显示”组→单击“显示或隐藏明细数据”按钮，如图 3-16 所示。

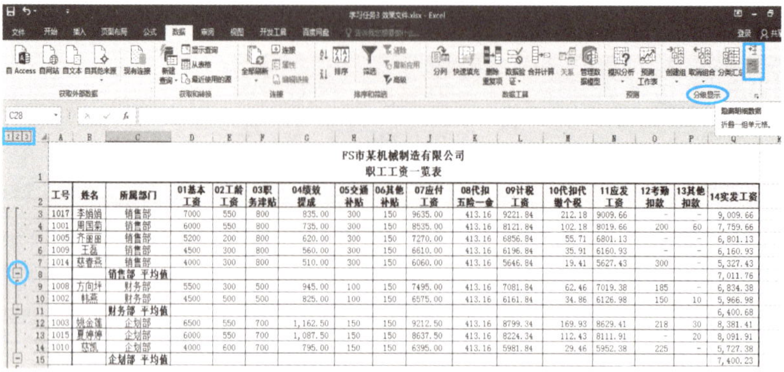

图 3-16　显示或隐藏明细数据

（3）取消分级显示：

具体操作：“数据”选项卡→“分级显示”组→单击“取消组合”下倒小三角按钮→按需选择，如图 3-17 所示。

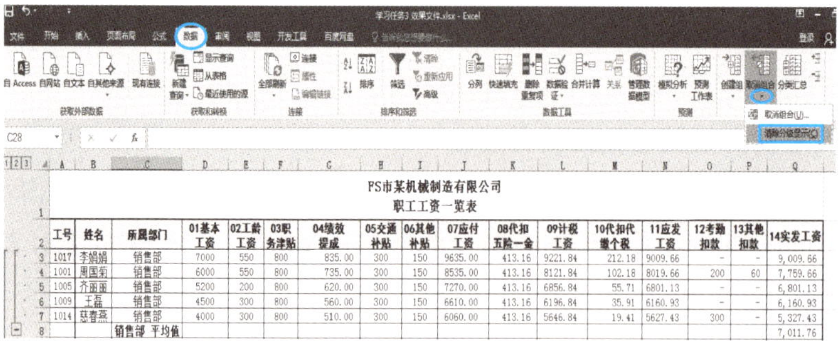

图 3-17　取消分级显示

（4）删除分类汇总：

具体操作：“数据”选项卡→“分级显示”组→单击“分类汇总”按钮→选择“全部删除”，如图 3-18 所示。

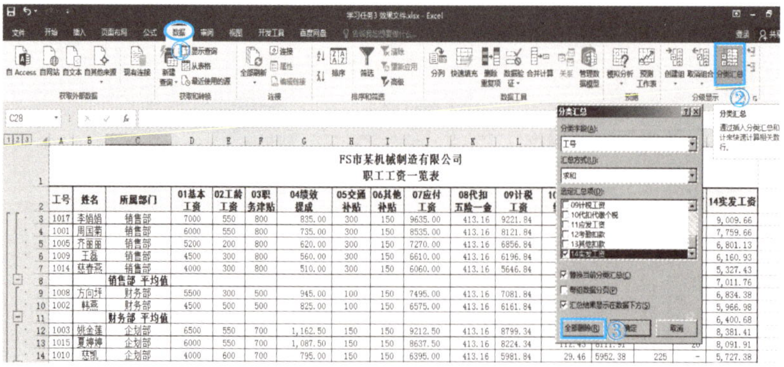

图 3-18　删除分类汇总

（三）让多工作表数据的汇总更高效

一个集团公司可能有很多的销售地区或者分公司，每个分公司具有各自的销售报表和会计报表，为了对整个集团公司的情况进行全面的了解，需要将这些分散的数据进行合并，从而得到一份完整的销售统计报表或者会计报表。在 Excel 中，系统提供了合并计算的功能，可以轻松完成这些汇总工作。

Excel 提供了两种合并计算数据的方法，一是通过位置（适用于源区域有相同位置的数据汇总），二是通过分类（适用于源区域没有相同布局的数据汇总）。

1. 按位置合并计算多工作表数据

具体操作：切换至“汇总”工作表→选中 B2 单元格→“数据”选项卡→“数据工具”组→单击“合并计算”按钮→设置“引用位置”→按需选择、重复操作→勾选“首行”，如图 3–19 所示。

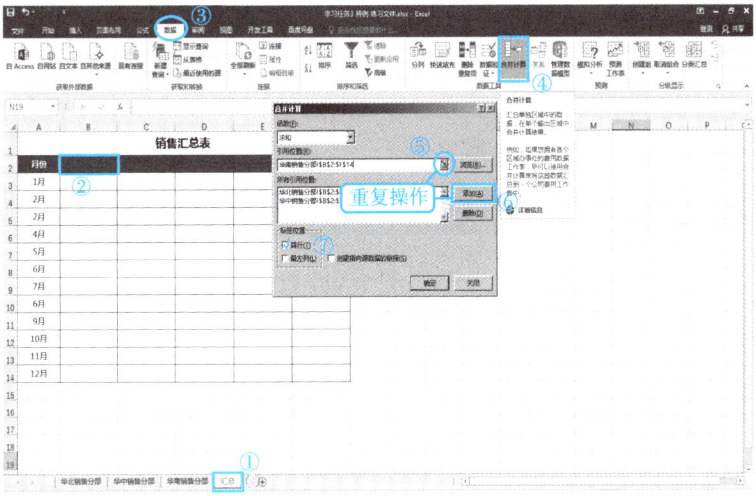

图 3–19　按位置合并计算多工作表数据

2. 按类别合并计算多工作表数据

当数据源区域包含相似的数据，却以不同的方式排列时，可以通过分类来合并计算数据。具体操作与“按位置合并计算多工作表数据”一样。此方法除应用在销售统计，还可以应用在“各部门平均年龄及工资表”中。

七、本章节各练习题目的具体操作详解

本章节的练习共有 5 个，前 3 个练习是以“职工工资一览表”数据作为素材，主要是练习添加条件格式，包括突出显示、排序、汇总和筛选；后 2 个练习是以口罩销售数据作为素材，主要是对排序、汇总和筛选的巩固练习，不作具体操作说明。请一定要理解或遵循典型工作过程的要求：创建工作表、使用函数或公式、分析或处理数据、验证结果。本章节练习是在学习任务 1、学习任务 2 的基础上进一步的提升学习，为此，在这里重点讲解分析或处理数据过程。

练习一： 突出显示数据练习（如图 3-20 所示）

本章节所提供练习素材是“职工工资一览表”。在练习前，根据任务单中的练习文件栏，扫码下载并打开练习文件，随后按下列步骤进行练习。

FS市某机械制造有限公司
2023年11月职工工资一览表

工号	姓名	所属部门	01基本工资	02工龄工资	03职务津贴	04绩效提成	05交通补贴	06其他补贴	07应付工资	08代扣五险一金	09计税工资	10代扣代缴个税	11应发工资	12考勤扣款	13其他扣款	14实发工资
1001	周国菊	销售部	6000	700	800	735.00	300	150	8535.00	413.16	8121.84	102.18	8019.66	✖ 200	60	7,759.66
1002	韩燕	财务部	4500	850	500	825.00	100	150	6575.00	413.16	6161.84	34.86	6126.98	✖ 150	10	5,966.98
1003	姚金莲	企划部	6500	550	700	1,162.50	150	150	9212.50	413.16	8799.34	169.93	8629.41	✖ 218	30	8,381.41
1004	谢娟娟	网络安全部	3000	650	600	592.50	200	150	4892.50	413.16	4479.34	-	4479.34	✔ -	-	4,479.34
1005	齐丽丽	销售部	5200	550	800	620.00	300	150	7270.00	413.16	6856.84	55.71	6801.13	✔ -	-	6,801.13
1006	袁鸿飞	网络安全部	5500	500	600	1,012.50	200	150	8112.50	413.16	7699.34	80.98	7618.36	✔ -	-	7,618.36
1007	周梅芳	行政部	5000	300	500	885.00	100	150	7035.00	413.16	6621.84	48.66	6573.18	✔ -	-	6,573.18
1008	方向坪	财务部	5500	550	500	945.00	100	150	7495.00	413.16	7081.84	62.46	7019.38	✖ 185	-	6,834.38
1009	王磊	销售部	4500	400	800	560.00	300	150	6610.00	413.16	6196.84	35.91	6160.93	✔ -	-	6,100.93
1010	慈凯	企划部	4000	450	700	795.00	150	150	6395.00	413.16	5981.84	29.46	5952.38	✖ 225	-	5,727.38
1011	唐敏	行政部	5500	150	500	997.50	100	150	7897.50	413.16	7484.34	74.53	7409.81	✔ -	-	7,409.81
1012	王兴亮	网络安全部	4500	0	600	810.00	200	150	6560.00	413.16	6146.84	34.41	6112.43	✔ -	-	6,112.43
2023年5月合计			59700	5350	7600	9940	2200	1800	86590	4957.92	81632.08	729.09	80902.99	978	100	79824.99

图 3-20　突出显示数据练习效果

1. 使用函数或公式

本练习所使用函数或公式相对简单，主要是让大家掌握结果来源和清楚思路。

第 1 步　计算浅灰色单元格区域结果。

单元格位置	项目名称	函数及注释	备注
J3	07 应付工资	=ROUND（SUM（D3：I3），2） 使用 SUM 函数对 D3：I3 单元格区域求和，得到的结果四舍五入保留 2 位小数。	单元格下拉即可得到本列其他结果。
J15	07 应付工资（合计）	=ROUND（SUM（J3：J14），2） 使用 SUM 函数对 J3：J14 单元格区域求和，得到的结果四舍五入保留 2 位小数。	与 J3 同样的函数，但不同的单元格区域，意义不同。同理：L15、N15、Q15。
L3	09 计税工资	=ROUND（J3-K3，2） 创建公式对 J3、K3 单元格求差，得到的结果四舍五入保留 2 位小数。	同理：11 应发工资。
Q3	14 实发工资	=ROUND（N3-O3-P3，2） 创建公式对 N3、O3、P3 单元格求差，得到的结果四舍五入保留 2 位小数。	

2. 分析或处理数据

第 2 步　选中 J3：J14 单元格区域，单击“开始”|“样式”|“条件格式”下倒小三角，选择“突出显示单元格规则”|“大于”，弹出“大于”对话框，设置大于的分界值“8000”，设置突出的效果为“浅红色填充”，单击“确定”按钮。

第 3 步　选中 L3：L14 单元格区域，单击“开始”|“样式”|“条件格式”下倒小三角，选择“项目选取规则”|“前 10 项”，弹出“前 10 项”对话框，设置要突出的前几项项数为“3”，单击“设置为”右侧的下拉按钮，在展开的列表中选择“自定义格式”选项，弹出“设置单元格格式”对话框，切换至“字体”选项卡，设置“字形”为“加粗”，单击“颜色”右侧的下拉按钮，在展开的列表中选择“红色”选项；切换至

“填充”选项卡，设置“图案颜色”为“浅绿”，设置“图案样式”为“细水平剖面线”，单击“确定”按钮。

第 4 步 选中 O3：O14 单元格区域，单击“开始”|“样式”|“条件格式”下倒小三角，选择“新建规则”，弹出“新建格式规则”对话框，设置“格式”为“图标集”，设置“图标样式”为“三个符号（无圆圈）”，在“图标”选项区域中单击“红色十字”右侧的下拉按钮，在展开的列表中选择“无单元格图标”选项，在“图标”选项区域中设置“黄色感叹号”为错叉，并在“值”和“类型”选项区域中设置好数学符号、数值及类型，单击“确定”按钮。

第 5 步 选中 Q3：Q14 单元格区域，单击“开始”|“样式”|“条件格式”下倒小三角，选择“数据条”|“其他规则”，弹出“新建格式规则”对话框，设置“最小值”为“最低值”，在“条形图外观”选项区域中设置“填充”为“实心填充”，“颜色”为“浅蓝”，设置“边框”为“实心边框”，“颜色”为“蓝色”，随后设置“条形图方向”为“从右到左”，单击“确定”按钮。

3. 验证结果

这道练习的验证结果相对简单，但如果数据较多，就要考虑观感或阅读者所要关注的重点内容是哪些，再作设置，达成所需效果。

练习二： 排序、汇总练习（如图 3–21 所示）

点选“排序、汇总练习”工作表。

FS市某机械制造有限公司
2023年11月职工工资一览表

工号	姓名	所属部门	01基本工资	02工龄工资	03职务津贴	04绩效提成	05交通补贴	06其他补贴	07应付工资	08代扣五险一金	09计税工资	10代扣代缴个税	11应发工资	12考勤扣款	13其他扣款	14实发工资
1017	李娟娟	销售部	7000	550	800	835.00	300	150	9635.00	413.16	9221.84	212.18	9009.66	-	-	9,009.66
1001	周国菊	销售部	6000	550	800	735.00	300	150	8535.00	413.16	8121.84	102.18	8019.66	200	60	7,759.66
1005	齐丽丽	销售部	5200	200	800	620.00	300	150	7270.00	413.16	6856.84	55.71	6801.13	-	-	6,801.13
1009	王磊	销售部	4500	300	800	560.00	300	150	6610.00	413.16	6196.84	35.91	6160.93	-	-	6,160.93
1014	慈春燕	销售部	4000	300	800	510.00	300	150	6060.00	413.16	5646.84	19.41	5627.43	300	-	5,327.43
		销售部 平均值														7,011.76
1008	方向坪	财务部	5500	300	500	945.00	100	150	7495.00	413.16	7081.84	62.46	7019.38	185	-	6,834.38
1002	韩燕	财务部	4500	500	500	825.00	100	150	6575.00	413.16	6161.84	34.86	6126.98	150	10	5,966.98
		财务部 平均值														6,400.68
1003	姚金莲	企划部	6500	550	700	1,162.50	150	150	9212.50	413.16	8799.34	169.93	8629.41	218	30	8,381.41
1015	夏婷婷	企划部	6000	550	700	1,087.50	150	150	8637.50	413.16	8224.34	112.43	8111.91	-	20	8,091.91
1010	慈凯	企划部	4000	600	700	795.00	150	150	6395.00	413.16	5981.84	29.46	5952.38	225	-	5,727.38
		企划部 平均值														7,400.23
1011	唐敏	行政部	5500	650	500	997.50	100	150	7897.50	413.16	7484.34	74.53	7409.81	-	-	7,409.81
1013	陈建	行政部	5500	650	500	997.50	100	150	7897.50	413.16	7484.34	74.53	7409.81	-	10	7,399.81
1007	周梅芳	行政部	5000	400	500	885.00	100	150	7035.00	413.16	6621.84	48.66	6573.18	-	-	6,573.18
1018	王荣	行政部	3000	200	500	555.00	100	150	4505.00	413.16	4091.84	-	4091.84	-	10	4,081.84
		行政部 平均值														6,366.16
1006	袁鸿飞	网络安全部	5500	650	600	1,012.50	200	150	8112.50	413.16	7699.34	80.98	7618.36	-	-	7,618.36
1016	王青	网络安全部	5500	500	600	990.00	200	150	7940.00	413.16	7526.84	75.81	7451.03	150	-	7,301.03
1012	王兴亮	网络安全部	4500	300	600	810.00	200	150	6560.00	413.16	6146.84	34.41	6112.43	-	-	6,112.43
1004	谢娟娟	网络安全部	3000	350	600	592.50	200	150	4892.50	413.16	4479.34	-	4479.34	-	-	4,479.34
		网络安全部 平均值														6,377.79
2023年5月合计			90700	8100	11500	14915	3350	2700	131265	7436.88	123828.12	1223.45	122604.67	1428	140	121036.67
		总计平均值														12740.70211

图 3–21　排序、汇总练习效果

1. 分析或处理数据

第 1 步 选中排序列中的任意数据单元格，如单元格 C6，单击“数据”|“排序和筛选”|“排序”，弹出“排序”对话框，设置“主要关键字”为“所属部门”，并设置好“排序依据”和“次序”，单击“添加条件”按钮，增加一个“次要关键字”，并设置为“姓名”，随后设置“排序依据”和“次序”，此处要注意的是，设置“排序依据”要

点选对话框上的“选项”，在弹出的“排序选项”对话框中选择“笔画排序”，单击“确定”按钮关闭对话框，单击“确定”按钮完成本项排序设置。

第 2 步 选中排序列中的任意数据单元格，单击“数据”|“分级显示”|“分类汇总”，弹出“分类汇总”对话框，设置“分类字段”为“所属部门”，“汇总方式”为默认的“求和”，在“选定汇总项”列表框中选中“实发工资”复选框，单击“确定”按钮。

2. 验证结果

这道练习的验证结果同样相对简单，主要是考查练习者是否细心细致按要求设置对应选项。

练习三：筛选练习（如图 3–22 所示）

点选“筛选练习”工作表。本筛选练习主要是用于条件复杂的筛选操作，即“高级筛选”。通过此筛选方式，既可以在原数据表格中显示筛选的结果，不符合条件的记录被隐藏起来；也可以在新的位置显示筛选结果，原有数据保持不变。

	A	B	C	D	E	F	G	H	I	J	K	L	M	N	O	P	Q
23	要求：按筛选条件，单独在工资一览表下方列出条件1、条件2的筛选结果。														12考勤扣款	13其他扣款	
24		1.筛选条件1：有考勤扣款或其他扣款的人员名单。											设定筛选条件1		>1		
25		2.筛选条件2：考勤扣款及其他扣款同时存在的人员名单。														>1	
27	工号	姓名	所属部门	01基本工资	02工龄工资	03职务津贴	04绩效提成	05交通补贴	06其他补贴	07应付工资	08代扣五险一金	09计税工资	10代扣代缴个税	11应发工资	12考勤扣款	13其他扣款	14实发工资
28	1001	周国菊	销售部	6000	550	800	735.00	300	150	8535.00	413.16	8121.84	102.18	8019.66	200	60	7,759.66
29	1002	韩燕	财务部	4500	500	500	825.00	100	150	6575.00	413.16	6161.84	34.86	6126.98	150	10	5,966.98
30	1003	姚金莲	企划部	6500	550	700	1,162.50	150	150	9212.50	413.16	8799.34	169.93	8629.41	218	30	8,381.41
31	1008	方向坪	财务部	5500	300	500	945.00	100	150	7495.00	413.16	7081.84	62.46	7019.38	185	-	6,834.38
32	1010	慈凯	企划部	4000	600	700	795.00	150	150	6395.00	413.16	5981.84	29.46	5952.38	225	-	5,727.38
33	1013	陈建	行政部	5500	650	500	997.50	100	150	7897.50	413.16	7484.34	74.53	7409.81	-	10	7,399.81
34	1014	慈春燕	销售部	4000	300	800	510.00	300	150	6060.00	413.16	5646.84	19.41	5627.43	300	-	5,327.43
35	1015	夏婷婷	企划部	6000	550	700	1,087.50	150	150	8637.50	413.16	8224.34	112.43	8111.91	-	20	8,091.91
36	1016	王青	网络安全部	5500	500	600	990.00	200	150	7940.00	413.16	7526.84	75.81	7451.03	150	-	7,301.03
37	1018	王荣	行政部	3000	200	500	555.00	100	150	4505.00	413.16	4091.84	-	4091.84	-	10	4,081.84
38															12考勤扣款	13其他扣款	
39													设定筛选条件2		>1	>1	
41	工号	姓名	所属部门	01基本工资	02工龄工资	03职务津贴	04绩效提成	05交通补贴	06其他补贴	07应付工资	08代扣五险一金	09计税工资	10代扣代缴个税	11应发工资	12考勤扣款	13其他扣款	14实发工资
42	1001	周国菊	销售部	6000	550	800	735.00	300	150	8535.00	413.16	8121.84	102.18	8019.66	200	60	7,759.66
43	1002	韩燕	财务部	4500	500	500	825.00	100	150	6575.00	413.16	6161.84	34.86	6126.98	150	10	5,966.98
44	1003	姚金莲	企划部	6500	550	700	1,162.50	150	150	9212.50	413.16	8799.34	169.93	8629.41	218	30	8,381.41

图 3–22 筛选练习效果

1. 分析或处理数据

第 1 步 在 M24：P25 单元格区域输入第一个要筛选的条件：考勤扣款或其他扣款的人员名单，注意这时使用的是“或”，也就是既可以是考勤扣款的人员，也可以是其他扣款的人员，又或者考勤扣款和其他扣款同时存在的人员，所以设定筛选条件要分开 2 行。第二个要筛选的条件：考勤扣款及其他扣款同时存在的人员名单，这个“同时”就注定了设定筛选条件只能是 1 行。

第 2 步 选中排序列中的任意数据单元格，单击“数据”|“排序和筛选”|“高级”，弹出“高级筛选”对话框，设置“方式”为“将筛选结果复制到其他位置”，设置好“列表区域”“条件区域”和“复制到”，单击“确定”按钮，返回工作表中，即可在“复制到”的单元格区域看到筛选出的数据记录。同理操作筛选条件 2。

2. 验证结果

这道练习的验证结果主要是查验是否有漏选或重复的选项。

八、任务资源（财务数据分析与处理）

提取码：6666
（操作视频）

（PPT 课件）

（效果文件）

（效果文件 – 拓展）

学习任务 4 财务信息的图表应用

一、学习任务描述

财务人员在工作汇报中，有一个非常实用的技巧——文不如表，表不如图。为了更直观、清晰地展现财务数据的相关情况，可以使用图表将财务数据可视化，这样就很容易发现数据间的对比和联系。作为财务人员，Excel 图表的应用也是一项必不可少的技能。

本任务的图表应用中也包括了数据透视表及数据透视图的应用，毕竟数据透视表和数据透视图是一种交互式表图关系。数据透视表可用于快速合并和比较数据，适用于多项数据的汇总和分析。而数据透视图是另一种数据的表现形式，它根据数据透视表选择适当的图表和多种色彩来描述数据的特性，能够更加形象化地体现出数据情况。

本任务将通过练习由浅入深地介绍财务会计工作中常用图表的制作方法，从而让财务数据的比较、趋势或组成结构一目了然。

二、实践目标

1. 掌握使用图表来展示 Excel 工作表中的财务数据。
2. 熟练掌握制作 Excel 工作表中的财务数据分析经典图表。
3. 掌握制作 Excel 工作表中的数据透视表。
4. 在数据透视表中插入更易于切换的切片器。
5. 了解 Excel 工作表中数据透视图的制作。
6. 将所学理论知识和操作技能综合运用于工作实践，提升自己的动手能力。

三、工作任务单

表 4–1（a） 工作任务单

学习任务名称	财务数据分析图表的应用——图表	学时	____学时
任务描述	根据公司的实际情况，给“2022 年度支出与预算比较”数据制作分析图表，方便决策部门阅读并进行分析。		

<table>
<tr><th>学习任务名称</th><th colspan="4">财务数据分析图表的应用——图表</th><th>学时</th><th>____学时</th></tr>
<tr><td>任务描述</td><td colspan="6">

FS市某机械制造有限公司
2022年度支出与预算比较

<table>
<tr><th>费用类别</th><th>预算</th><th>实际</th><th>占总支出额比%</th><th>预算-实际（差异）</th></tr>
<tr><td>差旅费</td><td>3200</td><td>1700</td><td>5.24%</td><td>1500</td></tr>
<tr><td>业务招待费</td><td>2600</td><td>1600</td><td>4.93%</td><td>1000</td></tr>
<tr><td>资讯费</td><td>2800</td><td>2866</td><td>8.83%</td><td>-66</td></tr>
<tr><td>交通费</td><td>1200</td><td>500</td><td>1.54%</td><td>700</td></tr>
<tr><td>会务费</td><td>5000</td><td>2640</td><td>8.14%</td><td>2360</td></tr>
<tr><td>办公用品采购费</td><td>5000</td><td>8422</td><td>25.96%</td><td>-3422</td></tr>
<tr><td>业务拓展费</td><td>3500</td><td>4216</td><td>12.99%</td><td>-716</td></tr>
<tr><td>招聘培训费</td><td>1000</td><td>821</td><td>2.53%</td><td>179</td></tr>
<tr><td>福利品采购费</td><td>4200</td><td>5120</td><td>15.78%</td><td>-920</td></tr>
<tr><td>外加工费</td><td>3600</td><td>2562</td><td>7.90%</td><td>1038</td></tr>
<tr><td>运输费</td><td>2000</td><td>2000</td><td>6.16%</td><td>0</td></tr>
<tr><td>其他</td><td>1000</td><td>0</td><td>无</td><td>1000</td></tr>
<tr><td>合计</td><td>35100</td><td>32447</td><td>100.00%</td><td>2653</td></tr>
</table>

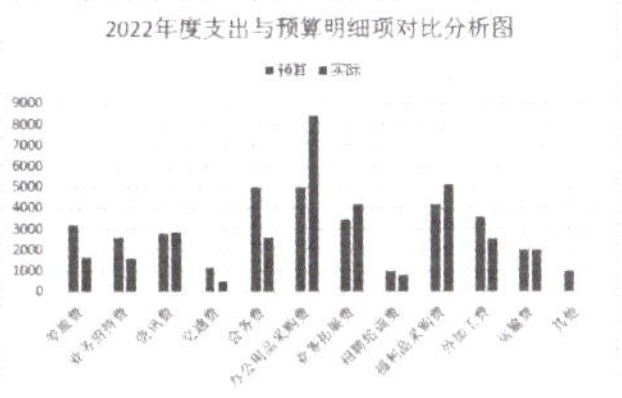

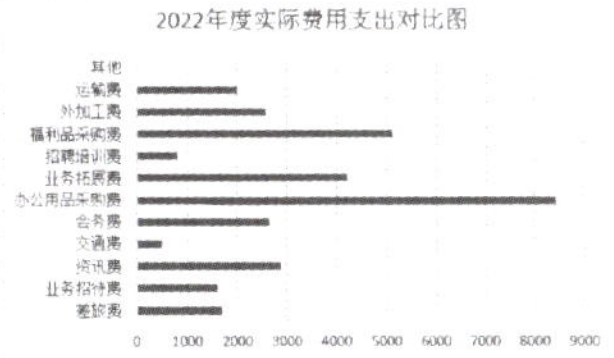

</td></tr>
<tr><td>典型工作过程描述</td><td colspan="6">1. 创建工作表—2. 使用图表样式—3. 设置图表元素—4. 分析效果</td></tr>
<tr><td>学习目标</td><td colspan="6">1. 知识、技能
（1）了解图表的基础知识；
（2）掌握使用图表展示财务数据；
（3）熟练掌握制作财务分析经典图表。
2. 提高职业核心能力
（1）提高学生查阅学习资料的能力；
（2）提高学生的文字和语言能力；
（3）提高学生的动手操作能力；
（4）树立职业道德和依法依规工作的意识。
3. 培养良好的职业素养
通过保持活学活用、熟能生巧的良好心态，学习正确使用 Excel 编辑出所需要的文档，同时保持桌面整洁、座椅周围无垃圾杂物、离开机房时物归原处等，逐渐培养良好的基本职业素养。</td></tr>
<tr><td rowspan="2">学时安排</td><td>准备</td><td>计划</td><td>决策</td><td>实施</td><td>检查</td><td>评价</td></tr>
<tr><td>___学时</td><td>___学时</td><td>___学时</td><td>___学时</td><td>___学时</td><td>___学时</td></tr>
<tr><td>对学生的要求</td><td colspan="6">1. 创建工作表：数据是图表应用的基础，为此，工作表的创建尤为重要。首先，要查看用户需求，详细了解任务内容。其次，学会运用所学知识建立工作表，并能设计列示工作表所需要的数据项目名称、函数或公式等。
2. 使用图表样式：根据步骤 1 在 Excel 文档对应单元格进行数据源选择，并准确地在菜单栏和对应的工具栏找到对应图表项目，确定选择使用图表类型和具体样式，特别是组合图。
3. 设置图表元素：根据步骤 2 确定的图表类型和具体样式，对图表标题、标签或图例等图表元素按用户要求设置。
4. 分析效果：数据图表设置完成，效果是否达到要求，在给决策者审阅前必须再次审查。</td></tr>
<tr><td>练习文件</td><td colspan="6"></td></tr>
</table>

表 4-1（b） 工作任务单

<table>
<tr><th>学习任务名称</th><th colspan="4">财务数据分析图表的应用——数据透视表</th><th>学时</th><th>____学时</th></tr>
<tr><td>任务描述</td><td colspan="6">根据公司的实际情况，运用“数据透视表练习”文档制作数据透视表，方便决策部门阅读并进行分析。
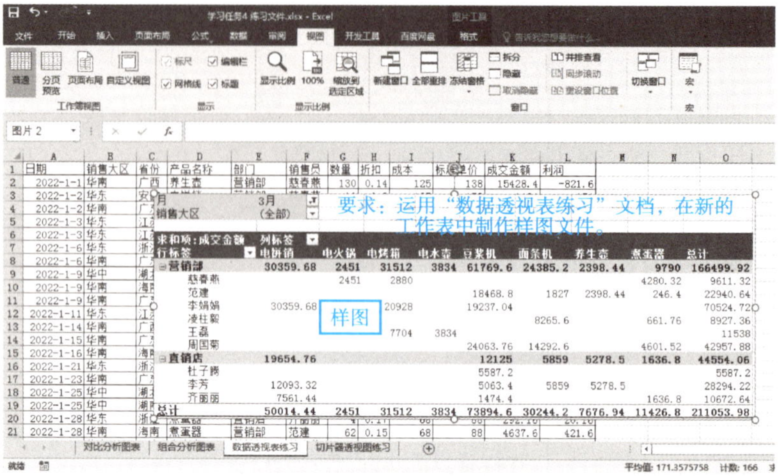
</td></tr>
<tr><td>典型工作过程描述</td><td colspan="6">1. 创建工作表—2. 创建数据透视表—3. 设置透视表项目—4. 分析效果</td></tr>
<tr><td>学习目标</td><td colspan="6">1. 知识、技能
（1）掌握制作 Excel 工作表中的数据透视表；
（2）在数据透视表中插入更易于切换的切片器；
（3）了解 Excel 工作表中数据透视图的制作。
2. 提高职业核心能力
（1）提高学生查阅学习资料的能力；
（2）提高学生的文字和语言能力；
（3）提高学生的动手操作能力；
（4）树立职业道德和依法依规工作的意识。
3. 培养良好的职业素养
通过保持活学活用、熟能生巧的良好心态，学会正确使用 Excel 编辑出所需要的文档，同时保持桌面整洁、座椅周围无垃圾杂物、离开机房时物归原处等，逐渐培养良好的基本职业素养。</td></tr>
<tr><td rowspan="2">学时安排</td><td>准备</td><td>计划</td><td>决策</td><td>实施</td><td>检查</td><td>评价</td></tr>
<tr><td>___学时</td><td>___学时</td><td>___学时</td><td>___学时</td><td>___学时</td><td>___学时</td></tr>
<tr><td>对学生的要求</td><td colspan="6">1. 创建工作表：数据是图表应用的基础，为此，工作表的创建尤为重要。首先，要查看用户需求，详细了解任务内容。其次，学会运用所学知识建立工作表，并能设计列示工作表所需要的数据项目名称、函数或公式等。
2. 创建数据透视表：根据步骤 1 在 Excel“数据透视表练习”文档中插入数据透视表，并确定数据透视表放置位置等。
3. 设置数据透视表相关项目：处理数据项目时，所处理的数据有不同的设置排列，标题、行或列、值都会按用户要求有不同设置。
4. 分析效果：数据透视表设置完成，效果是否达到要求，在给决策者审阅前必须再次审阅。</td></tr>
<tr><td>练习文件</td><td colspan="6">使用“财务数据分析图表的应用——图表”同一文件，不必重复下载。</td></tr>
</table>

四、任务分组

表 4–2（a） 学生任务分配表

学习任务名称	财务数据分析图表的应用——图表				学时	____学时
班级				组名		
组长			学号		指导老师	
组员	姓名	学号	姓名	学号	姓名	学号
	姓名	学号	姓名	学号	姓名	学号
	姓名	学号	姓名	学号	姓名	学号
任务分工：						

表 4–2（b） 学生任务分配表

学习任务名称	财务数据分析图表的应用——数据透视表				学时	____学时
班级				组名		
组长			学号		指导老师	
组员	姓名	学号	姓名	学号	姓名	学号
	姓名	学号	姓名	学号	姓名	学号
	姓名	学号	姓名	学号	姓名	学号
任务分工：						

五、任务工作环节

任务工作环节包括：创建工作表、使用图表样式、设置图表元素、分析效果（创建工作表、创建数据透视表、设置透视表项目、分析效果）4 个方面，教学和学习的方式及流程有准备、计划、决策、实施、检查、评价共 6 个环节。

1. 工作准备

阅读和理解工作任务，收集用户的具体要求，了解用户的操作环境，结合任务分析查找相关应用知识并讨论解决任务在实施中的难点和常见的问题。

2. 工作计划

针对“2022 年度支出与预算比较”编辑过程中所使用的图表项目、过程中所用到的技巧、最终结果制定工作计划。

引导问题 1： 观看（搜索）任务相关视频。

思考学习： 分析制作“2022 年度支出与预算比较”图表有哪些选择项目，制作数据透视表又要注意哪些选项。

____

____

____

____

引导问题 2： 学生分组讨论，根据任务工作环节说出工作过程如何实施，实施过程中的难点与解决方法有哪些。（请根据讨论结果，在下表中填写内容）

序号	难点	解决方法

引导问题 3： 制定工作计划和实施方案步骤。

序号	步骤名称	工作要点

3. 工作决策

在小组内讨论每个同学的方法和步骤，分析优劣，综合每位同学的意见，确定小组的最终实施方案。

小组决策 □ 个人决策 □	决策意见:【从创建工作表、使用图表样式、设置图表元素、分析效果（创建工作表、创建数据透视表、设置透视表项目、分析效果）等方面考虑】
	任务流程:
	注意事项:

4. 工作实施

引导问题 4： 编辑“2022 年度支出与预算比较”文档和“数据透视表练习”文档，用自己的语言把所使用的数据处理项目的作用和效果描述出来。

序号	处理数据项目	作用	效果

引导问题 5： 对应处理数据项目设置时，要注意的事项有哪些？

序号	处理数据项目	项目设置要求	注意事项

5. 工作检查

表 4-3　检查单

<table>
<tr><th>任务</th><th colspan="4">完成情况记录</th></tr>
<tr><td>任务是否按计划时间完成</td><td colspan="4"></td></tr>
<tr><td>相关理论完成情况</td><td colspan="4"></td></tr>
<tr><td>技能操作熟练程度</td><td colspan="4"></td></tr>
<tr><td>任务完成情况</td><td colspan="4"></td></tr>
<tr><td>任务创新情况</td><td colspan="4"></td></tr>
<tr><td>文档上交情况</td><td colspan="4"></td></tr>
<tr><td rowspan="3">检查评价</td><td>班级</td><td></td><td>组别</td><td></td></tr>
<tr><td>小组成员</td><td></td><td>组长签名</td><td></td></tr>
<tr><td colspan="4">评语：</td></tr>
</table>

6. 工作评价

各组代表展示成果，介绍任务的完成过程。成果展示前就阐述材料完成评价考核表 4-4，综合等级评价档次统一采用 A【优秀 90（含）~100 分】、B【良好 75（含）~90 分】、C【合格 60（含）~75 分】、D【努力 60 分以下】。

表 4–4　评价考核表

项目名称	评价内容	分值	评价等级		
			自评	互评	师评
职业素养考核项目（40%）	穿戴规范、整洁，仪容仪表符合要求	5 分			
	安全意识、责任意识、服从意识、纪律意识	10 分			
	积极参加教学活动，按时完成学生工作活页	15 分			
	团队合作、沟通交流	10 分			
专业能力考核项目（60%）	专业知识查找及时、准确	5 分			
	操作符合规范	5 分			
	引导问题、表单填写	10 分			
	操作熟练度、工作效率	15 分			
	掌握关键操作要领	15 分			
	成果质量、展示汇报	10 分			
总分					
总评	自评（20%）+ 互评（30%）+ 师评（50%）=	综合等级	教师（签名）：		

7. 巩固训练（课后拓展）

表 4–5　FS 市某商贸有限公司物资供应情况动态分析

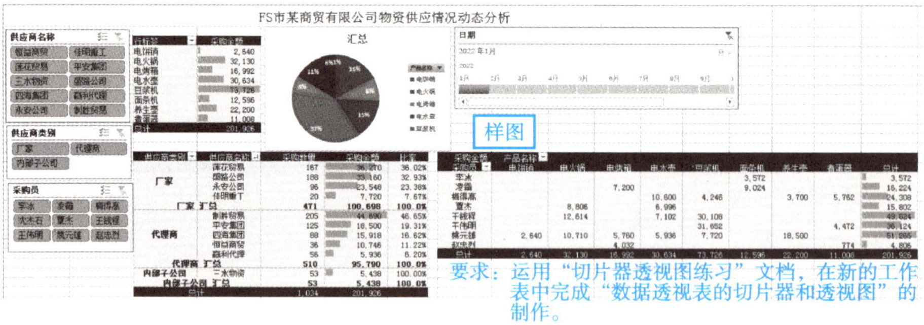

（1）课后在计算机或智能手机上查找线上网页型表格编辑功能或下载 WPS App，对比学习不同表格编辑软件操作；

（2）利用计算机或智能手机中自己熟悉的表格编辑功能完成“FS 区域口罩年度业绩汇报表”练习，并把完成的文档上交老师，由老师检查作业完成情况。练习要求：扫码下载源文件，根据源文件制作出效果图的数据透视图。

六、关于图表应用的相关知识点

（一）图表基础知识

1. 图表类型和作用

图表是图形化的数据，由点、线、面与数据匹配组合而成。Excel 中内置了多种图表样式，包括：柱形图、折线图、饼图、条形图、面积图、XY（散点图）、股价图、曲面图、雷达图、树状图、旭日图、直方图、箱形图、瀑布图，还可以将多个图表组合起来形成组合图表，从而同时对多组数据进行分析和比较。

【柱状图】最普遍使用的图表类型，适用于项目之间的大小比较或表达一系列时间内的数据变化，比如：分月数据；

【折线图】适用于反映一段时间内的数据变化趋势，比如：销售订单或金额的分日数据显示；

【饼图】适用于显示一个数据系列中各项目的比例大小，以及与各项总和的占比关系，比如：每个产品的销售占比；

【条形图】适用于项目之间的大小比较，但不适用于一段时间内的数据变化情况，比如：员工销售业绩；

【面积图】适用于强调数量随时间变化的程度，也可用于引起人们对总数值趋势的注意，比如：销售趋势；

【XY（散点图）】适用于比较数值，显示若干数据系列中各数值之间的关系，或者将两组数字绘制为 XY 坐标的一个系列，比如：收货天数和满意度；

【股价图】适用于显示股价波动情况；

【曲面图】适用于呈现某些数据的趋势以及占比，比如：各分公司在各个季度的销售情况；

【雷达图】适用于专门用来进行多指标体系比较分析的图表，比如：成绩展示、对比、实际值与参照值的偏离程度等；

【树状图】展示有群组、层次关系的图表，能够直观体现同级之间的比较，比如：各产品销售金额占比情况；

【旭日图】一种现代饼图，能够表达清晰的层级和归属关系。离原点越近表示级别越高，相邻两层中，是内层包含外层的关系，比如：季度、月和周销售占比情况；

【直方图】适用于展示数据的分组分布状态，用矩形的宽度和高度表示频数分布，比如：公司各个年龄段人数；

【箱形图】用作显示一组数据分散情况资料的图表，能够提供有关数据位置和分散情况；

【瀑布图】适用于展示一系列增加值或减少值对初始值的影响，可以直观地反映数据的增减变化，比如：公司费用明细；

【组合图】也称为双轴图，就是一张图表中包含多种图表类型，适用于两组或多组相关数据直观对比，比如：12 个月销售数量趋势。

2. 图表组成元素

Excel 图表主要由图表区、绘图区、标题、网格线、快捷按钮、数据系列、数值轴、数据点、图例、分类轴等基本元素组成，如图 4-1 所示。

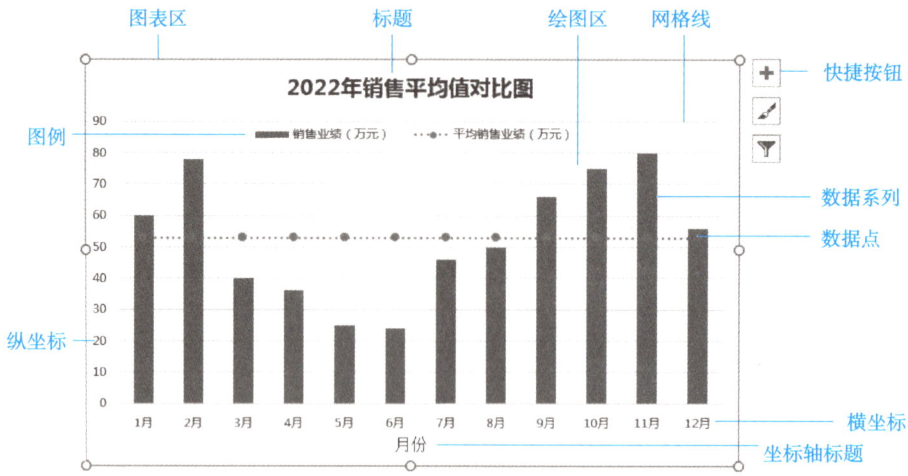

图 4–1　图表组成元素

（二）财务分析经典图表的制作

1. 图表制作方法

具体操作：选中需要分析的单元格区域（一个或多个）→“插入”选项卡→“图表”组→单击“⬉”按钮→选择“所有图表”→按需选择，如图 4–2 所示。

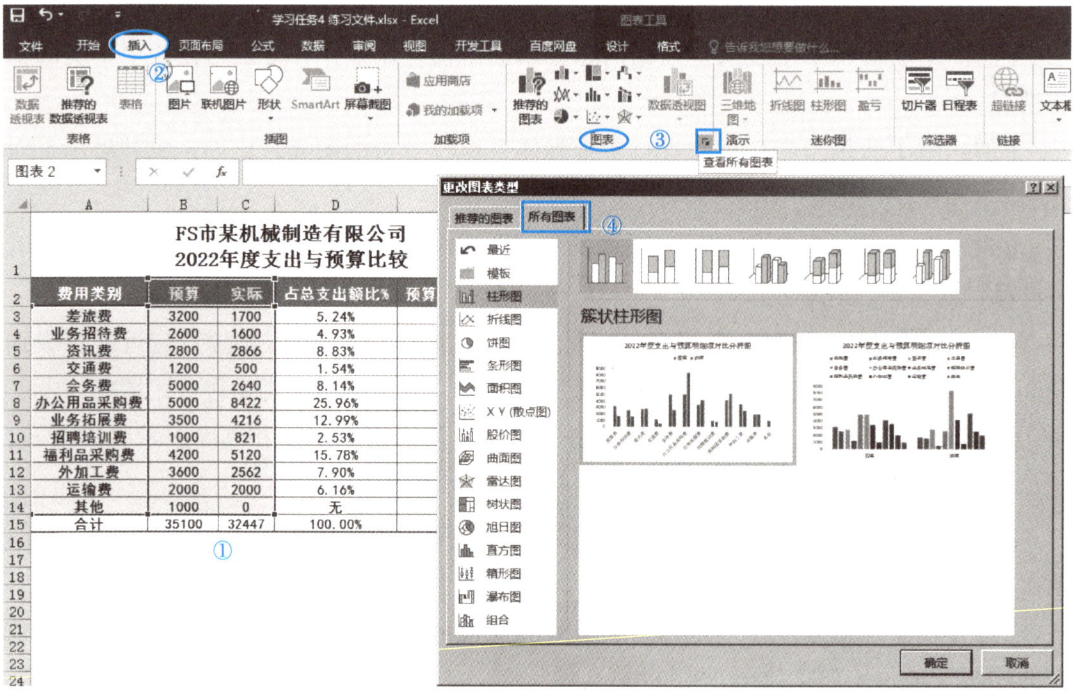

图 4–2　图表制作方法

2. 组合图表分析多类型的数据

具体操作：选中需要分析的单元格区域→“插入”选项卡→“图表”组→单击“⬉”按钮→选择“所有图表”→选择“组合”→注意选择每个单项的图表类型及确认主次坐标轴，如图 4–3 所示。

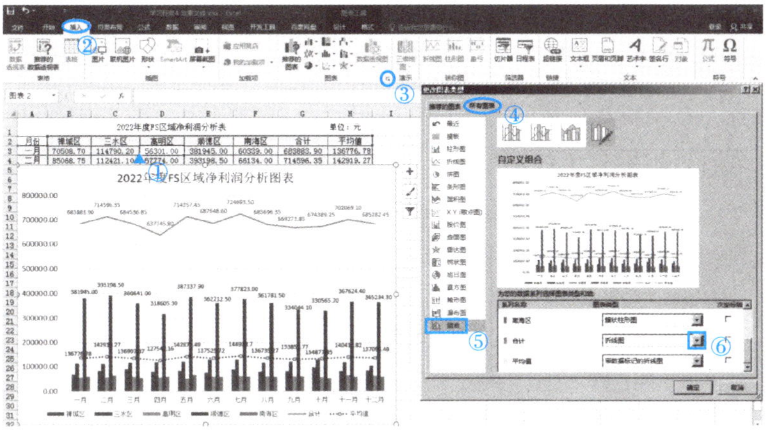

图 4–3　组合图表设置

3. 图表组成元素的编辑

方法一：利用快捷键按钮，如图 4–4 所示。

方法二：“图表工具”组→“设计”选项卡→单击“添加图表元素”按钮→按需选择，如图 4–5 所示。

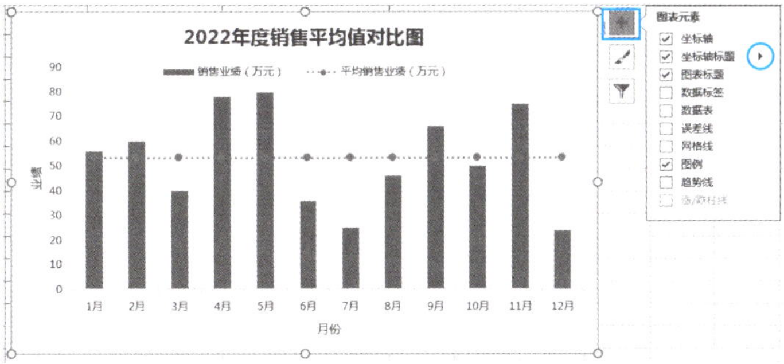

图 4–4　快捷键按钮编辑图表组成元素

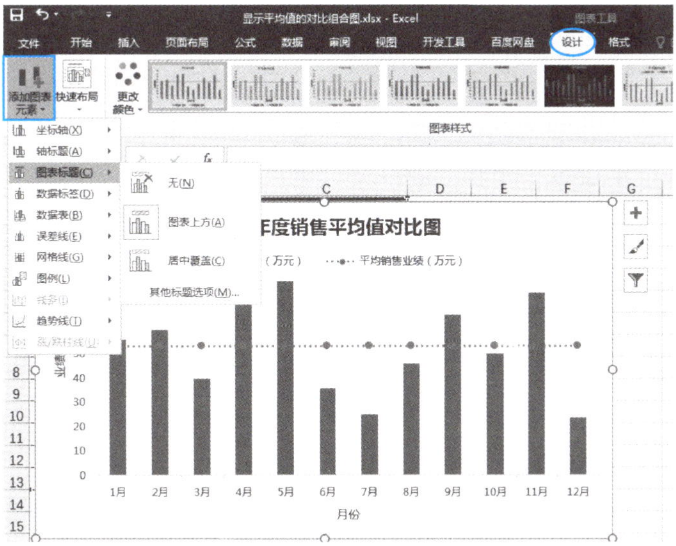

图 4–5　菜单工具栏编辑图表组成元素

（三）认识数据透视表

1. 数据透视表基础知识

数据透视表，就是以数据源表为基础，经过一系列的组合计算，得到的一份分析报告。

数据透视表有机地综合了数据排序、筛选、分类汇总等数据分析的优点，可方便地调整分类汇总的方式，以多种方式灵活地展示数据的特征。只需要用鼠标移动表中字段位置，一张数据透视表即可变换成各种类型的报表。同时，数据透视表也是解决函数公式速度瓶颈的手段之一。因此，数据透视表是 Excel 中最常用、功能最全的数据分析工具之一。

总之，合理运用数据透视表进行计算与分析，能使许多复杂的问题简单化并且极大地提高工作效率。

一般情况下，如下的数据分析要求都非常适合创建数据透视表来解决：

（1）对庞大的数据库进行多条件统计。

（2）需要对得到的统计数据进行行列变化，把字段移动到统计数据中的不同位置上，迅速得到新的数据，满足不同的需求。

（3）需要在得到的统计数据中找出某一字段的一系列相关数据。

（4）需要使得到的统计数据与原始数据源保持实时更新。

（5）需要在得到的统计数据中找出数据内部的各种关系并满足分组的要求。

（6）需要将得到的统计数据用图形的方式表现出来，并且可以筛选控制哪些值用图表来表示。

2. 数据透视表的创建与设计

（1）创建数据透视表：

具体操作：选中任意数据单元格→“插入”选项卡→“表格”组→单击“数据透视表”→“创建数据透视表”对话框→选择“新工作表”→Excel 会自动新建一个空白的工作表，还会出现一个数据透视表区域，如图 4-6 所示。

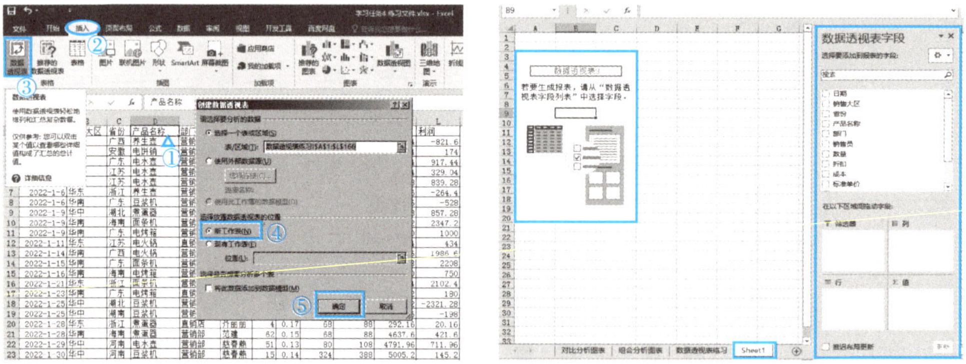

图 4-6　创建数据透视表具体操作

（2）数据透视表的设计：

数据透视表最难的不是操作，而是搞不懂字段要拖到哪里，是放到筛选器？行？列？还是值呢？也就是我们所讲的逻辑关系，如图 4-7 所示。

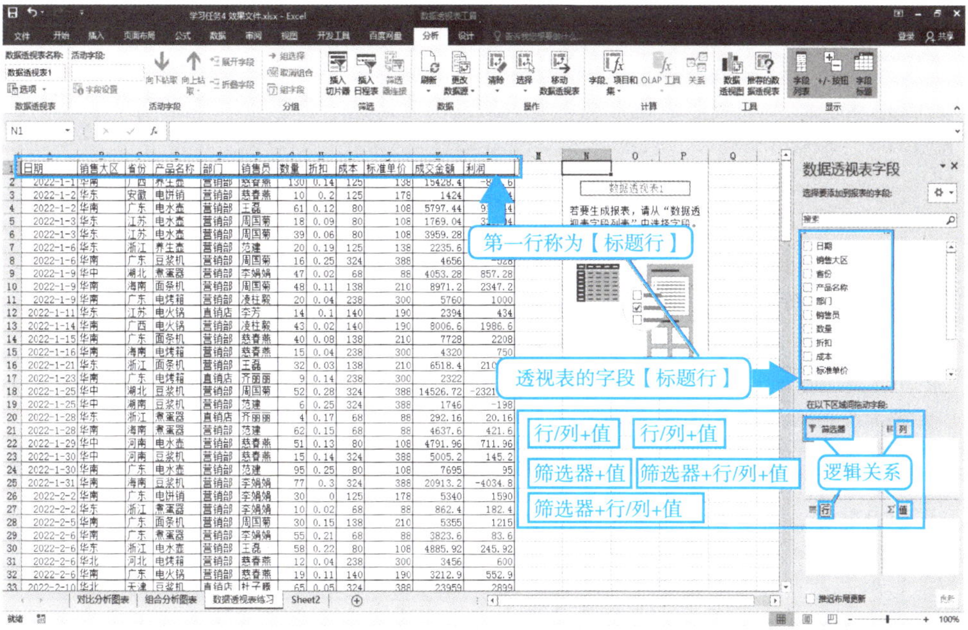

图 4–7 数据透视表的设计

①数据透视表字段，与数据源表的标题行一一对应。

②数据透视表中的 4 个区域（筛选器、列、行、值）从属关系：

筛选器 > 列 / 行 = 值

筛选器：高于行和列，统领全局，针对结果进行筛选；

值：放置的是需要进行汇总具体结果的字段；

行和列：放置数据之间交叉分析的内容。

③字段拖动的方法（如图 4–8 所示）：

Ⅰ. 标题→字段，选好字段→打“√”；除标题外的条件要求→放到筛选器。

Ⅱ. 数字结果向上→列，文字在左→行；选择多个字段→找层级关系，上级字段为先。

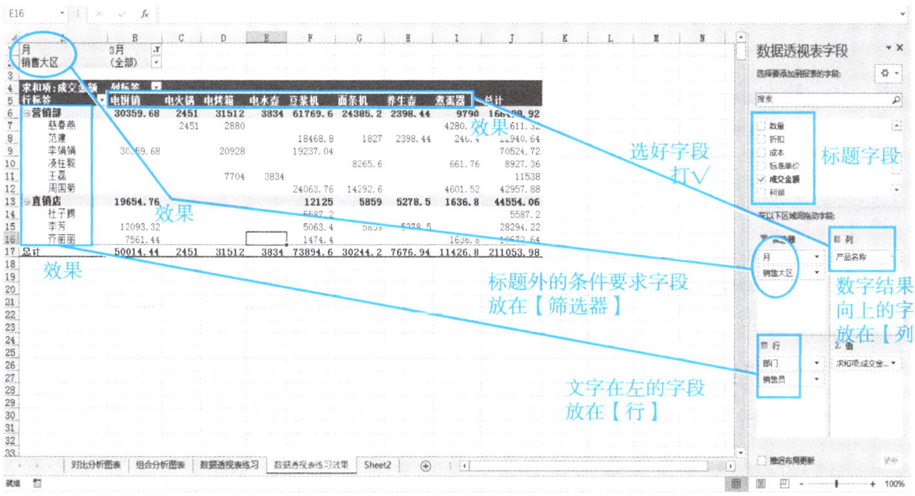

图 4–8 字段拖动的方法

3. 切片器透视图制作

（1）制作多个数据透视表（如图 4–9 所示）。

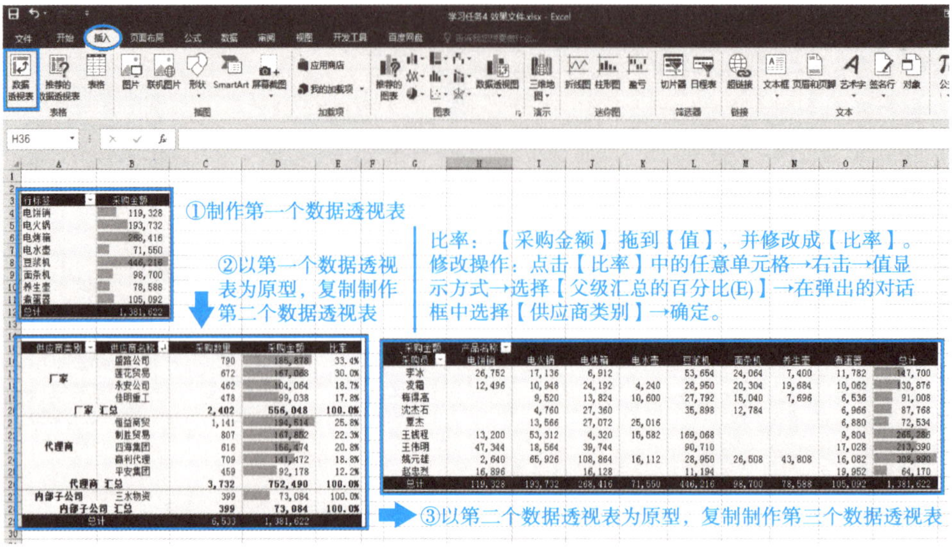

图 4–9　制作多个数据透视表

（2）插入切片器（如图 4–10 所示）。

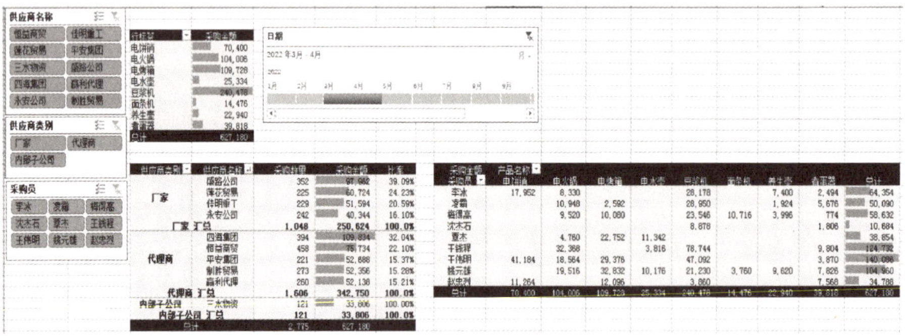

图 4–10　插入切片器

（3）插入透视图。

Excel 的数据透视图是数据透视表的更深层次的应用，它可以将数据以图形的形式表示出来。用户在创建数据透视图的同时，系统也会自动创建与之相关联的数据透视表。从另一个角度说，数据透视图也是 Excel 创建动态图表的主要方法之一。

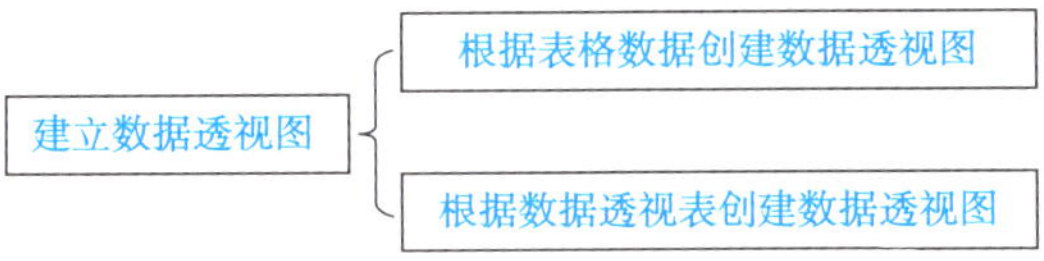

具体操作： 点击"第一个数据透视表"→点击"分析"选项卡→"工具"组→"数据透视图"按钮→根据实际情况选择插入的图表类型（比如：饼图）→点击"设计"选项卡→可在图表样式和更改颜色选项中自定义所需要的图表样式，如图 4–11 所示。

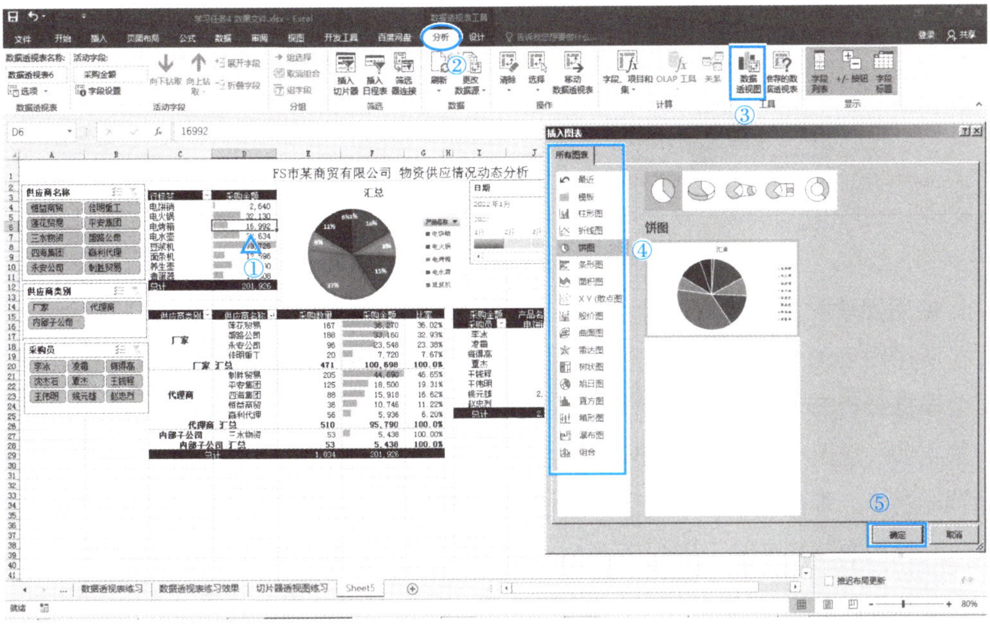

图 4–11　插入透视图

七、本章节各练习题目的具体操作详解

通过选择合适的图表类型，利用准备好的数据，适当地调整和格式化，制作出清晰、直观的图表来分析数据，可以帮助我们更好地展示数据，提升可视化分析的效果。本章节的练习共有 4 个：对比分析图表、组合分析图表、数据透视表和透视图、切片器透视图，每个练习的样图看起来很复杂，其实只要理解或遵循典型工作过程的要求：创建工作表、使用图表样式、设置图表元素、分析效果（创建工作表、创建数据透视表、设置透视表项目、分析效果），完成练习并理解知识点还是不难的。

在练习前，根据任务单中的练习文件栏，扫码下载并打开练习文件。随后，按下列步骤进行练习。

练习一： 对比分析图表（如图 4–12 所示）

在财务工作中，通常通过将某项财务指标与性质相同的指标评价标准进行对比，从而提示企业的某方面财务状况。本练习就是通过支出与预算的比较，为下一年的预算做准备。

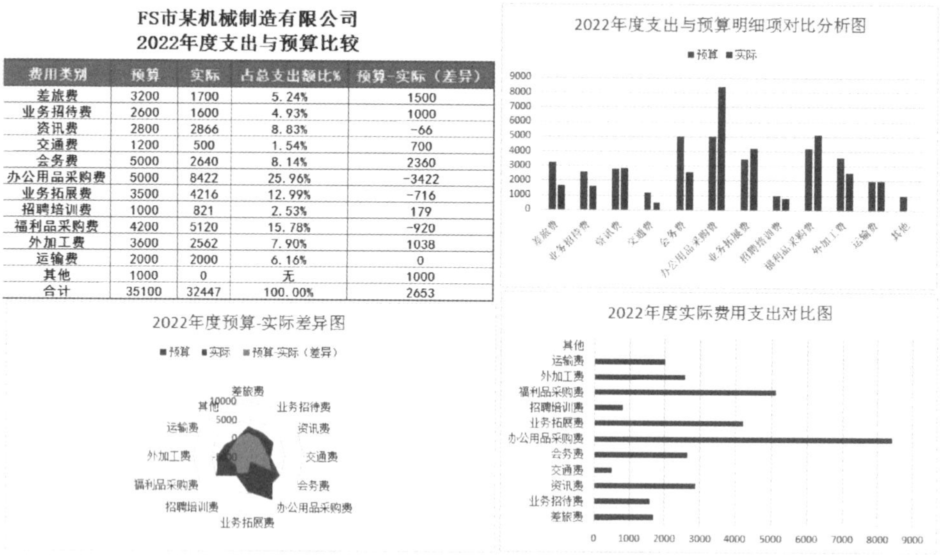

FS市某机械制造有限公司
2022年度支出与预算比较

费用类别	预算	实际	占总支出额比%	预算-实际（差异）
差旅费	3200	1700	5.24%	1500
业务招待费	2600	1600	4.93%	1000
资讯费	2800	2866	8.83%	-66
交通费	1200	500	1.54%	700
会务费	5000	2640	8.14%	2360
办公用品采购费	5000	8422	25.96%	-3422
业务拓展费	3500	4216	12.99%	-716
招聘培训费	1000	821	2.53%	179
福利品采购费	4200	5120	15.78%	-920
外加工费	3600	2562	7.90%	1038
运输费	2000	2000	6.16%	0
其他	1000	0	无	1000
合计	35100	32447	100.00%	2653

图 4–12　对比分析图表效果样图

1. 使用图表样式

在使用图表的过程中，首先要学会判断什么样的数据使用哪种图表类型最合适，也要学会根据分析需求从当前表格中选择数据源来建立图表。

第 1 步　选中 A2 : C14 数据单元格区域，单击“插入”|“图表”右下角对话框启动器“◥”，弹出“插入图表”对话框，选择“所有图表”|“柱形图”|“簇状柱形图”，单击“确定”按钮。创建图表后，选中图表时会在右侧出现“＋ ✎ ▼”三个全新的按钮，这三个按钮可以使我们快速选择、预览和调整图表元素（如标题或标签）、设置图表的外观和风格，以及选择筛选显示的数据。

2. 设置图表元素

第 2 步　插入图表后，更改图表标题为“2022 年度支出与预算明细项对比分析图”，点击“＋”选择图例，调整图例位置为“顶部”。

3. 分析效果

没人喜欢看一张密密麻麻的表格，插入一张可视化图表，一定会让老板眼前一亮，对你另眼相看！所以，制作好图表后，分析效果也很重要，把冷冰冰的数据转化成便于分析的图表，既美观又能达到数据展示的效果，这才是关键。

说明：本练习要完成 3 个图表，上述介绍是第一个图表，第二个图表在选择数据源时有区别，只选择了 A2 : A14 和 C2 : C14 两个单元格区域，图形选择了“簇状条形图”；第三个图表选择了 A2 : C14 和 E2 : E14 两个单元格区域，图形选择了“填充雷达图”，此外，“图表元素”|“坐标轴”进行了修改，在“设置坐标轴格式”下的“坐标轴”选项|“边界”设置“最小值”为“-5000”，“最大值”为“10000”。

练习二：组合分析图表

在日常工作中，有时候单一的图表类型无法满足多维度的数据展示，这时候就要考虑使用组合图表。什么是组合图表呢？就是将两种及两种以上的图表类型组合起来绘制在一个图表上（如图 4–13 所示）。

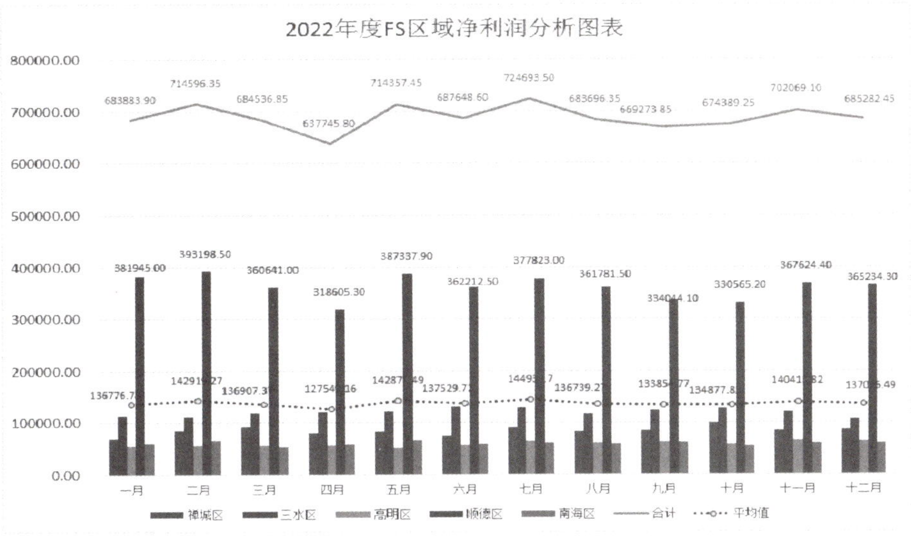

图 4–13　组合图表

1. 使用图表样式

这一练习的效果样图并不美观和利于观看分析，本练习主要是让大家了解并掌握组合图表的应用。

第 1 步　选中 A2：H14 数据单元格区域，单击“插入”|“图表”右下角对话框启动器，弹出“插入图表”对话框，选择“所有图表”|“组合”，设置数据系列的图表类型（如图 4–14 所示），单击“确定”按钮。

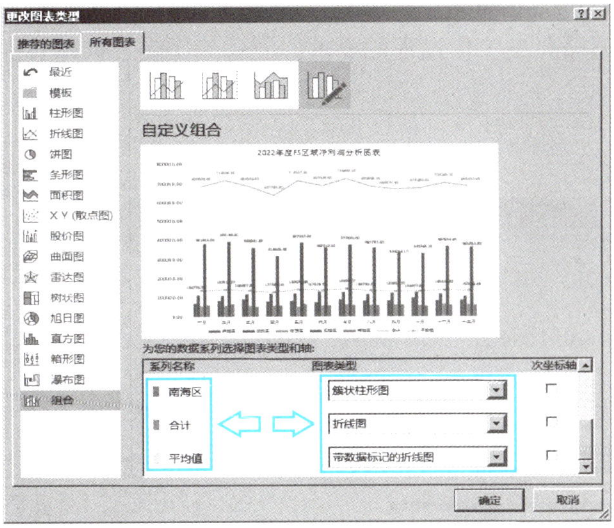

图 4–14　组合分析图图表类型设置要点

2. 设置图表元素

第 2 步　返回工作表中，可看到插入的图表效果，对图表相关元素进行设置，如：

标题、数据标签、数据标签对齐方式等，这些设置都在对应图表元素“更多选项”中设置处理（如图 4–15 所示）。

图 4–15　图表元素设置选项

练习三：数据透视表和透视图（如图 4–16 所示）

在很多 Excel 相关书籍中，数据透视表都会作为单独的章节介绍，但个人认为数据透视表及后续数据透视图能对数据进行“交互式”分析，因此，把数据透表放在这一章介绍。

数据透视表可称为“自动挡”数据统计分析神器，它是以数据源表为基础，经过一系列的组合计算，可得到一份多维度的分析报告。数据透视图是交互式的，可以根据数据透视表直接创建数据透视图，这样生成的数据透视表和透视图共用一个数据缓存，能够自动实现联动更新显示。本练习只是基础入门，主要让大家了解数据透视表的建立操作，前提是理解或遵循典型工作过程的要求：创建工作表、创建数据透视表、设置透视表项目、分析效果。

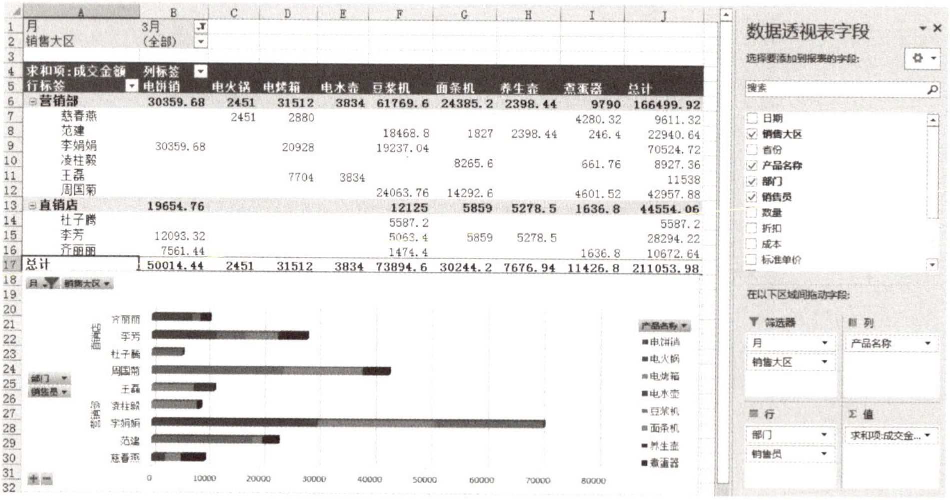

图 4–16　数据透视表和透视图效果样图

1. 创建数据透视表

数据透视表的创建，放置的位置有 2 种情况，一是在现有工作表中，二是在新的工作表中。大家可根据实际情况选择，本练习是在新的工作表中创建数据透视表。

第 1 步 选中任意数据单元格，单击“插入”|“表格”|“数据透视表”，弹出“创建数据透视表”对话框，设置好“表 / 区域”后，选中“新工作表”单选按钮，单击“确定”按钮。

2. 设置透视表项目

在数据透视表中一般包含的项目有：字段、行、列、值和筛选器。

第 2 步 返回工作簿中，可看到“数据透视表练习”工作表前插入了一个新的工作表“Sheet1”，在该工作表中可看到一个空白的数据透视表（如图 4–17 所示），以及打开的字段列表。在字段列表中选中需要显示的字段筛选框，即可在工作表中看到创建的数据透视表效果。需要注意的是：所选字段可以在筛选器、行、列和值中拖动，以达到所需要的效果。比如：本练习中的月，字段中只有日期，选中日期并出现在“行”中，我们会发现除了“日期”，还有“月”，我们把“月”拖动至筛选器，再把“行”中“日期”删除即可达成所需效果。

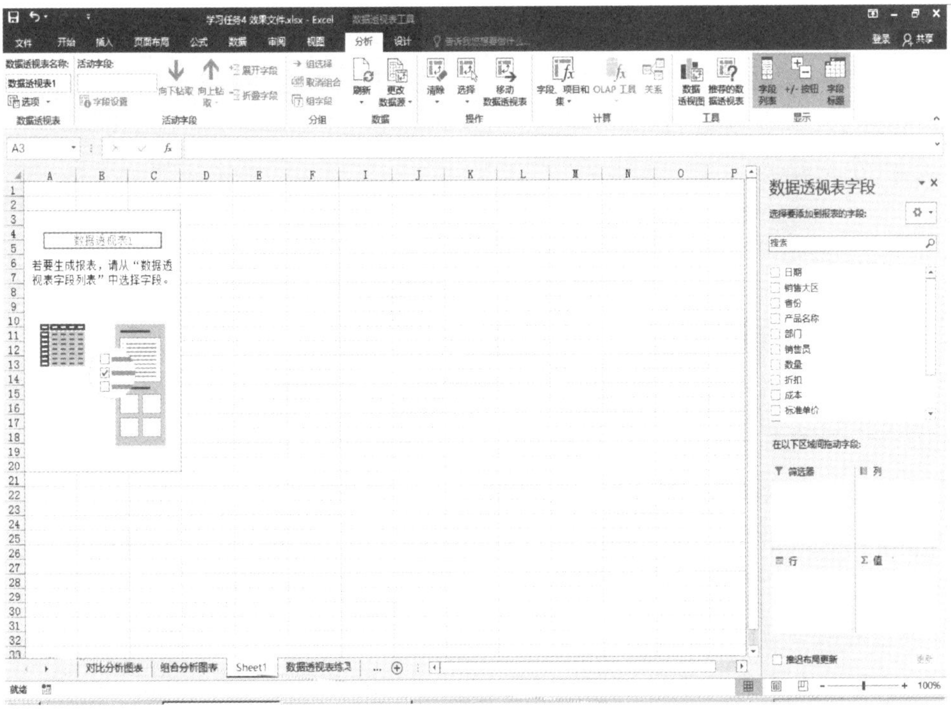

图 4–17　数据透视表新表

3. 分析效果

数据透视表的效果分析，一是从美化数据透视表的角度分析，所需的列示效果是否能让使用者满意；二是插入数据透视图，是否使数据透视表数据表达更美观、更清晰明了。

第 3 步 美化数据透视表。选中任意数据单元格，单击“数据透视表工具”|“设计”|“数据透视表样式”，单击右侧的“其他”（⊽）按钮可打开下拉菜单，有多种样式可供选择，选中样式后，单击一次鼠标即可应用到当前数据透视表中。

第 4 步 根据数据透视表数据插入数据透视图。选择 A5：J16 单元格区域，单击“数据透视表工具”|“分析”|“工具”|“数据透视图”，在弹出的“插入图表”对话框中根据实际情况选择插入的图表类型，操作方法与前面练习一、练习二一样。完成后调整透视图位置，即可达成样图效果。

练习四： 切片器透视图（如图 4–18 所示）

切片器透视图包含三个内容：创建透视表、插入切片器和插入透视图。切片器的使用提供了一种可视性极强的筛选方法来筛选数据透视表中的数据。透视图的插入，有助于更形象地呈现数据透视表中的汇总数据，方便查看、对比和分析数据趋势。因此，切片器透视图可谓是集万千宠爱于一身的动态分析图表。

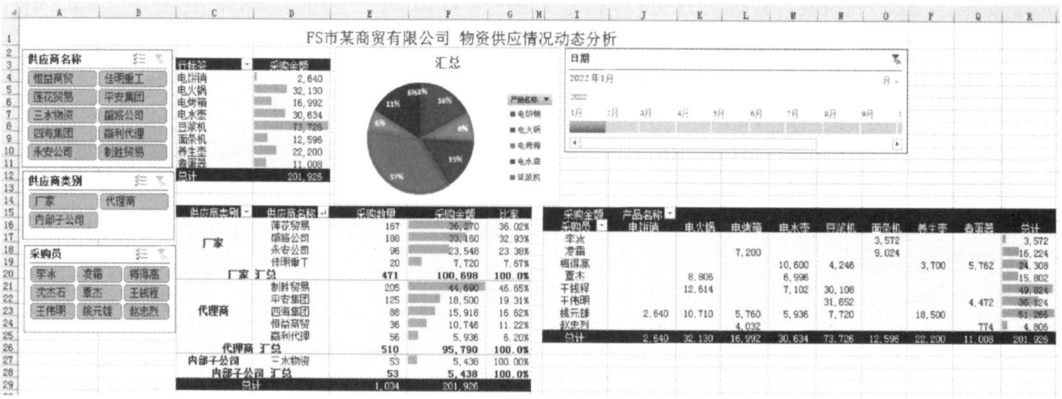

图 4–18 切片器透视图效果样图

1. 创建数据透视表

因为是做切片器透视图，所以，本练习的创建数据透视表并不是单一一个数据透视表，而是 3 个不同内容的数据透视表。注意：后 2 个透视表是从第一个数据透视表复制出来并修改使用字段而成。

第 1 步 打开数据源工作表“切片器透视图练习”，选中任意数据单元格，单击“插入”|“表格”|“数据透视表”，点击新工作表，单击“确定”。

2. 设置透视表项目

第 2 步 在数据透视表生成器对话框内把“产品名称”拖至“行”对话框内，把“采购金额”拖至“值”对话框内。在创建好的数据透视表中选择“采购金额”那列的第一个数据，右击选择“排序”下的降序选项。选中 B4：B11 单元格区域，单击“开始”|“样式”|“条件格式”|“数据条”，根据需要选择任意样式的数据条。选中透视表，单击“数据透视表工具”|“设计”|“数据透视表样式”，可以根据需求更改为任意一种数据透视图的样式。

第 3 步　再在透视表中，点击鼠标右键选择“数据透视表”选项，在弹出的“数据透视表”选项对话框中选择“布局和格式”，取消勾选“更新时自动调整列宽”。

3. 复制创建第二个新数据透视表及设置透视表项目

为了省去创建新数据透视表的步骤，我们直接在空白单元格内复制粘贴第一个做好的数据透视表。

第 4 步　选择 A3 : B12 单元格区域，复制至 A14 : B23 单元格区域，把“供应商类别”“供应商名称”依次拖至“行”对话框中，采购金额拖至“值”对话框中，取消勾选“产品名称”，完成第二个数据透视表创建。

第 5 步　鼠标定位在刚刚新建的第二个透视表，单击“数据透视表工具”|“设计”|“布局”|“报表布局”，选择“以表格形式显示”。单击“采购金额”中的任一单元格鼠标右键，选择“数据透视表”选项，在弹出的“数据透视表”选项对话框中选择“布局和格式”，勾选“合并且居中排列带标签的单元格”。

第 6 步　在第二个数据透视表中添加采购数量列：把“采购数量”拖至“值”对话框中的首位，将标题行标签名称中不必要的“求和项”文字删除。在“数据透视表工具”|“分析”，点击 +/– 按钮，隐藏第二个数据透视表左边的减号按钮。

第 7 步　添加“比率”标签。在第二个数据透视表中，我们再次把“采购金额”拖至“值”对话框中，然后把新增的第五列“采购金额”名称改为“比率”；单击“比率”中任一单元格鼠标右键，选择“值显示方式”，选择“父级汇总的百分比（E）”，在弹出的对话框中选择“供应商类别”字段之后点击“确定”。

第 8 步　单击“比率”列下的第一个单元格（或“采购金额”列，因为“比率”列是以“采购金额”列的数据做出父级汇总的百分比），右击选择“排序”下的降序选项。以按住 Ctrl 键 + 鼠标点选的方式，在“采购金额”列选择要添加数据条的数据，注意还是不要选中汇总行，单击“开始”|“样式”|“条件格式”|“数据条”，根据需要选择任意样式的数据条。

4. 复制创建第三个新数据透视表及设置透视表项目

第 9 步　再次复制粘贴第二张数据透视表至右边空白单元格区域，把“产品名称”拖至“列”标签，把“采购员”拖至“行”标签，取消勾选“供应商名称”“供应商类别”“采购数量”，删除字段“比率”，至此完成第三个数据透视表创建。

第 10 步　更改 3 个数据透视表涉及“采购金额”数据的格式，以按住 Ctrl 键 + 鼠标点选的方式，选中需要调整数据格式的单元格区域，点击“开始”|“数字”选项卡，先点击“逗号”，调整数据显示格式即千位分隔号；再点击“减少小数位数”，去掉小数点。修改“比率”一列的百分比，保留小数点后一位。最后，为第三个数据透视表的“总计”列数据添加数据条。

5. 插入切片器

切片器可以对总表进行有效的筛选，在实际工作中经常会用到，一般会放置在工作表的左边或者顶部。

第 11 步 选中 A、B 列，鼠标右键点击“插入”，出现插入两列空白单元格，以此来放置切片器。点击第一个数据透视表，单击“数据透视表工具”|“分析”|“插入切片器”，在弹出的“插入切片器”对话框中，勾选“供应商名称”“供应商类别”“采购员”，最后点击“确定”。

第 12 步 拖拽切片器至左边空白区域，点击“供应商名称”切片器，在“切片器工具”|“选项”|“按钮”|“列”中更改列数，“供应商类别”“供应商名称”的切片器的列为 2 列；“采购员”的切片器的列为 3 列。为了统一格式，方便查看数据，按住 Ctrl 键，鼠标左键单击 3 个切片器，在“切片器工具”|“选项”|“大小”|“宽度”中更改调整切片器的形状宽度统一为“6cm”。点击“切片器工具”|“选项”|“切片器设置”，在弹出的“切片器设置”对话框中，勾选“隐藏没有数据的项”。

第 13 步 完成切片器的连动。点击第一个切片器，选择“切片器工具”|“选项”|“报表连接”（版本差异，有的也叫作数据透视表连接），勾选需要连动的透视表（以练习为例，勾选红色框内的数据透视表 1、数据透视表 2、数据透视表 3。名称是根据透视表显示），最后点击确定。

第 14 步 日程表制作。点击第一个数据透视表，单击“数据透视表工具”|“分析”|“插入日程表”，勾选“日期”，点击“确定”。单击日程表，点击“切片器工具”|“选项”|“报表连接”，勾选同一数据源下的工作表（数据透视表 1、2、3）。至此，通过切片器，一张联动 3 个数据透视表的日程表就完成了。

6. 插入透视图

插入数据透视图不复杂，前面练习三也有介绍。

第 15 步 点击第一个数据透视表，单击“数据透视表工具”|“分析”|“工具”|“数据透视图”，根据实际情况选择插入的图表类型，这里我们选择饼状图，单击“确定”。

第 16 步 在表格最上方插入 1 行空白行，并输入标题文字：FS 市某商贸有限公司物资供应情况动态分析；同时，适当调整各图表的位置，最终完成本练习。

八、任务资源（财务信息的图表应用）

提取码：8888

（操作视频）

（PPT 课件）

（效果文件）

学习情境 2
工作实战

学习任务 5　固定资产管理

一、学习任务描述

固定资产是指企业为生产产品、提供劳务、出租或经营管理而持有的，使用寿命超过一个会计年度，价值达到一定标准的非货币性有形资产。管理好一个企业的固定资产是保障企业正常运营的必要前提。

那么，如何才能有效管理企业中的各项固定资产，并遵循相关法律法规的规定，按照固定资产的不同类别或用途采用不同的折旧方法准确无误地核算每期折旧额，同时对折旧额进行合理归集后计入当期损益呢？以上工作看似简单，在具体操作时却非常烦琐。如果运用 Excel 制作管理表格、利用函数设置公式自动计算固定资产的相关数据，就能化繁为简，轻松高效地完成固定资产日常管理工作。

本章就以上所述内容，讲解如何充分运用 Excel 对固定资产进行合理、高效的管理，以及自动计算不同折旧方式下折旧额的函数运用和公式设置方法。希望读者学习后进行实战练习，从中领会到一些财务角度的管理思路。

二、实践目标

1. 了解在 Excel 中固定资产清单中的项目内容。
2. 熟练掌握制作固定资产卡片和设计固定资产各折旧方法计提表。
3. 熟练掌握固定资产折旧计算中使用的函数和公式。
4. 将所学理论知识和操作技能综合运用于工作实践，提升自己的动手能力。

三、工作任务单

表 5–1　工作任务单

<table>
<tr><th>学习任务名称</th><th>固定资产管理</th><th>学时</th><th>___学时</th></tr>
<tr><td>任务描述</td><td colspan="3">
根据公司的实际情况，给固定资产管理文档设定函数或编辑公式，帮助财务人员轻松、高效地完成资产核算任务。
FS市某机械制造有限公司
固定资产管理卡片
<table>
<tr><td>当前日期</td><td>2023-7-26</td><td>固定资产名称</td><td colspan="2">高效动态吸附仪</td><td>折旧方法</td><td>年数总和法</td></tr>
<tr><td>编号</td><td>14</td><td>使用年限(总工作量)</td><td>6</td><td>使用部门</td><td colspan="2">检验中心</td></tr>
<tr><td>类别名称</td><td>机器设备</td><td>资产原值</td><td colspan="2">200000</td><td>资产状态</td><td>正常使用</td></tr>
<tr><td>发票号码</td><td>67104563</td><td>净残值率</td><td>5%</td><td>预计净残值</td><td colspan="2">10000</td></tr>
<tr><td>启用日期</td><td>2018-3-1</td><td>已计提月数(工作量)</td><td>63</td><td colspan="2">剩余折旧期数(工作量)</td><td>9</td></tr>
</table>
固定资产折旧计算表- 年数总和法
<table>
<tr><th>年份</th><th>年折旧额</th><th>月折旧额</th></tr>
<tr><td>1</td><td>54285.71</td><td>4523.81</td></tr>
<tr><td>2</td><td>45238.10</td><td>3769.84</td></tr>
<tr><td>3</td><td>36190.48</td><td>3015.87</td></tr>
<tr><td>4</td><td>27142.86</td><td>2261.90</td></tr>
<tr><td>5</td><td>18095.24</td><td>1507.94</td></tr>
<tr><td>6</td><td>9047.62</td><td>753.97</td></tr>
<tr><td>-</td><td>0.00</td><td>0.00</td></tr>
<tr><td>合计</td><td>190000.01</td><td>15833.33</td></tr>
</table>
<table>
<tr><th colspan="2">会计年度折旧期间</th><th>期数</th><th>会计年度折旧</th><th>会计年度折旧余额</th></tr>
<tr><td>2018年4月</td><td>2018年12月</td><td>9</td><td>40,714.29</td><td>13,571.42</td></tr>
<tr><td>2019年1月</td><td>2019年12月</td><td>12</td><td>47,499.98</td><td>11,309.54</td></tr>
<tr><td>2020年1月</td><td>2020年12月</td><td>12</td><td>38,452.37</td><td>9,047.65</td></tr>
<tr><td>2021年1月</td><td>2021年12月</td><td>12</td><td>29,404.75</td><td>6,785.76</td></tr>
<tr><td>2022年1月</td><td>2022年12月</td><td>12</td><td>20,357.22</td><td>4,523.78</td></tr>
<tr><td>2023年1月</td><td>2023年12月</td><td>12</td><td>11,309.51</td><td>2,261.89</td></tr>
<tr><td>2024年1月</td><td>2024年3月</td><td>3</td><td>2,261.89</td><td>-</td></tr>
<tr><td colspan="2">合计</td><td>72</td><td>190,000.01</td><td>-</td></tr>
</table>
</td></tr>
<tr><td>典型工作过程描述</td><td colspan="3">1. 收集数据—2. 建立工作表—3. 编辑函数或公式—4. 结果验证</td></tr>
<tr><td>学习目标</td><td colspan="3">
1. 知识、技能
（1）知悉在 Excel 中固定资产清单中的项目内容。
（2）掌握 Excel 函数 VLOOKUP 和 MATCH 的嵌套方法及 EOMONTH、DATEDIF 等函数的运用。
（3）掌握固定资产折旧额计算方法的思路。
2. 提高职业核心能力
（1）提高学生查阅学习资料的能力。
（2）提高学生的文字和语言能力。
（3）提高学生的动手操作能力。
（4）树立职业道德和依法依规工作的意识。
3. 培养良好的职业素养
通过保持活学活用、熟能生巧的良好心态，学会正确使用 Excel 编辑出所需要的文档，同时保持桌面整洁、座椅周围无垃圾杂物、离开机房时物归原处等，逐渐培养良好的基本职业素养。
</td></tr>
<tr><td rowspan="2">学时安排</td><td colspan="3">
<table>
<tr><td>准备</td><td>计划</td><td>决策</td><td>实施</td><td>检查</td><td>评价</td></tr>
<tr><td>___学时</td><td>___学时</td><td>___学时</td><td>___学时</td><td>___学时</td><td>___学时</td></tr>
</table>
</td></tr>
</table>

续表

学习任务名称	固定资产管理	学时	____学时
对学生的要求	（1）收集数据：包括所需项目数据的来源和表间顺序的排列设定。首先，要查看用户需求，详细了解任务内容。其次，对固定资产数据项目的来源进行落实，并设计所需工作表的名称。最后，学会运用所学知识遴选出需要使用的函数或需要编辑的公式。 （2）建立工作表：根据步骤 1 在 Excel“固定资产管理”文档对应工作表进行名称设定，并编排好各工作表的顺序，特别是注意表与表之间数据的调用。 （3）编辑函数或公式：根据步骤 2 在 Excel“固定资产管理”文档各个工作表中对应的项目输入相关函数或公式，达成所要的结果。 （4）结果验证：根据步骤 2、3 完成的情况，查验结果是否达到要求，必须和实际情况相同且没有错误。		
练习文件			

四、任务分组

表 5–2　学生任务分配表

学习任务名称	固定资产管理			学时	____学时	
班级			组名			
组长		学号		指导老师		
组员	姓名	学号	姓名	学号	姓名	学号
	姓名	学号	姓名	学号	姓名	学号
	姓名	学号	姓名	学号	姓名	学号
任务分工：						

五、任务工作环节

任务工作环节包括：收集数据、建立工作表、编辑函数或公式、结果验证 4 个方面，教学和学习的方式及流程有准备、计划、决策、实施、检查、评价共 6 个环节。

1. 工作准备

阅读和理解工作任务，收集用户的具体要求，了解用户的操作环境，并结合任务分析解决在实施中的难点和常见的问题。

2. 工作计划

针对“固定资产管理”文档编辑过程中所使用的工作表、过程中所用到的函数或公式、最终结果制定工作计划。

引导问题 1： 观看（搜索）任务相关视频。

思考学习： 分析固定资产管理文档工作表有哪些。

____

____

____

____

引导问题 2： 学生分组讨论，根据任务工作环节说出工作过程如何实施，实施过程中的难点与解决方法有哪些。（请根据讨论结果，在下表中填写内容）

序号	难点	解决方法

引导问题 3： 制定工作计划和实施方案步骤。

序号	步骤名称	工作要点

3. 工作决策

在小组内讨论每个同学的方法和步骤，分析优劣，综合每位同学的意见，确定小组的最终实施方案。

<table>
<tr><td rowspan="3">小组决策 □
个人决策 □</td><td>决策意见：（从收集数据、建立工作表、编辑函数或公式、结果验证等方面考虑）</td></tr>
<tr><td>任务流程：</td></tr>
<tr><td>注意事项：</td></tr>
</table>

4. 工作实施

引导问题 4： 编辑固定资产管理文档，用自己的语言把所使用的数据处理项目的作用和效果描述出来。

序号	处理数据项目	作用	效果

引导问题 5： 对应处理数据项目设置时，要注意的事项有哪些？

序号	处理数据项目	项目设置要求	注意事项

5. 工作检查

表 5–3　检查单

<table>
<tr><th>任务</th><th colspan="4">完成情况记录</th></tr>
<tr><td>任务是否按计划时间完成</td><td colspan="4"></td></tr>
<tr><td>相关理论完成情况</td><td colspan="4"></td></tr>
<tr><td>技能操作熟练程度</td><td colspan="4"></td></tr>
<tr><td>任务完成情况</td><td colspan="4"></td></tr>
<tr><td>任务创新情况</td><td colspan="4"></td></tr>
<tr><td>文档上交情况</td><td colspan="4"></td></tr>
<tr><td rowspan="3">检查评价</td><td>班级</td><td></td><td>组别</td><td></td></tr>
<tr><td>小组成员</td><td></td><td>组长签名</td><td></td></tr>
<tr><td colspan="4">评语：</td></tr>
</table>

6. 工作评价

各组代表展示成果，介绍任务的完成过程。成果展示前就阐述材料完成评价考核表 5–4，综合等级评价档次统一采用 A【优秀 90（含）~100 分】、B【良好 75（含）~90 分】、C【合格 60（含）~75 分】、D【努力 60 分以下】。

表 5-4 评价考核表

<table>
<tr><th rowspan="2">项目名称</th><th rowspan="2">评价内容</th><th rowspan="2">分值</th><th colspan="3">评价等级</th></tr>
<tr><th>自评</th><th>互评</th><th>师评</th></tr>
<tr><td rowspan="4">职业素养考核项目（40%）</td><td>穿戴规范、整洁，仪容仪表符合要求</td><td>5 分</td><td></td><td></td><td></td></tr>
<tr><td>安全意识、责任意识、服从意识、纪律意识</td><td>10 分</td><td></td><td></td><td></td></tr>
<tr><td>积极参加教学活动，按时完成学生工作活页</td><td>15 分</td><td></td><td></td><td></td></tr>
<tr><td>团队合作、沟通交流</td><td>10 分</td><td></td><td></td><td></td></tr>
<tr><td rowspan="6">专业能力考核项目（60%）</td><td>专业知识查找及时、准确</td><td>5 分</td><td></td><td></td><td></td></tr>
<tr><td>操作符合规范</td><td>5 分</td><td></td><td></td><td></td></tr>
<tr><td>引导问题、表单填写</td><td>10 分</td><td></td><td></td><td></td></tr>
<tr><td>操作熟练度、工作效率</td><td>15 分</td><td></td><td></td><td></td></tr>
<tr><td>掌握关键操作要领</td><td>15 分</td><td></td><td></td><td></td></tr>
<tr><td>成果质量、展示汇报</td><td>10 分</td><td></td><td></td><td></td></tr>
<tr><td colspan="3">总分</td><td></td><td></td><td></td></tr>
<tr><td rowspan="2">总评</td><td rowspan="2">自评（20%）+ 互评（30%）+ 师评（50%）=</td><td>综合等级</td><td colspan="3" rowspan="2">教师（签名）：</td></tr>
<tr><td></td></tr>
</table>

7. 任务总结报告

<table>
<tr><td>班　　级</td><td></td><td>组　　别</td><td></td></tr>
<tr><td>小组成员</td><td colspan="3"></td></tr>
<tr><td>记　　录</td><td></td><td>时　　间</td><td></td></tr>
<tr><td>总结报告</td><td colspan="3">要点：请分段阐述个人对任务理解、准备内容收集、计划与决策讨论、任务实施体会、考核评价意见等方面的完成情况。</td></tr>
<tr><td>批阅记录</td><td colspan="3">教师签名：　　　日期：</td></tr>
</table>

六、关于固定资产管理的相关知识点

（一）在 Excel 中固定资产管理的设计思路

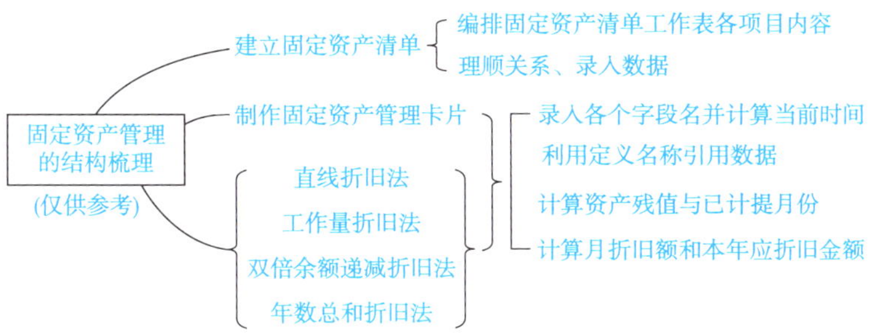

（二）各工作表样式及相关知识内容

1. 固定资产清单工作表

固定资产清单相当于一个固定资产的数据库，用来记录固定资产的基础数据，其他各列均可通过设置公式计算得到。需要设置公式的列包括类别名称、固定资产使用状态、预计净残值、已计提月数、本年折旧月数、折旧方法等，如图 5–1 所示。

资产状态：当月新增、正常使用、报废 3 种情况。

已计提月数（工作量）：当月新增不计提折旧。

本年折旧月数：显示“报废”时，报废当月还应当计提折旧。

FS市某机械制造有限公司固定资产清单

当前日期 2023-7-26

编号	使用部门	类别名称	固定资产名称	规格型号	发票号码	启用日期	使用年限(总工作量)	单位	单价	数量	资产原值	资产状态	净残值率	预计净残值	已计提月数(工作	本年折旧月数	折旧方法
1	管理部门	房屋及建筑物	行政研发楼	混合	07123456	1999-1-2	40		1280000	1	1280000	正常使用	20%	256000.0	293	12	直线法
2	管理部门	房屋及建筑物	实验楼		52234567	1999-12-2	40		1220000	1	1220000	正常使用	20%	244000.0	282	12	直线法
3	管理部门	房屋及建筑物	宿舍楼		34155006	2023-7-2	40		860000	1	860000	当月新增	20%	172000.0	0	5	直线法
4	管理部门	运输设备	福田轻型载货汽车	QX1030CS	16101468	2015-10-1	800000	辆	84000	2	168000	正常使用	5%	8400.0	92	12	工作量法
5	管理部门	运输设备	吉利小轿车	U80123	82310006	2018-11-1	650000	辆	88000	1	88000	正常使用	5%	4400.0	55	12	工作量法
6	管理部门	机器设备	东风油罐车	运油车	00104564	2001-9-2	900000	辆	100000	5	500000	正常使用	5%	25000.0	261	12	工作量法
7	管理部门	机器设备	大型干湿机	(400P)	11013465	2018-6-1	6	台	58800	2	117600	正常使用	5%	5880.0	60	12	双倍余额递减法

固定资产清单 | 直线折旧法 | 工作量折旧法 | 双倍余额递减折旧法 | 年数总和折旧法

图 5–1 固定资产清单

2. 固定资产管理卡片

固定资产清单中包含了所有的固定资产信息，但当只需要查看某一项固定资产时，该表格就显得比较繁杂，不易查找。固定资产管理卡片是按照固定资产项目开设，用于进行固定资产明细核算的账簿，其数据是利用 Excel 中的 VLOOKUP 函数从固定资产清单中取得，如图 5–2 所示。

固定资产管理卡片

<table>
<tr><td>当前日期</td><td>2023-7-26</td><td>固定资产名称</td><td colspan="2">行政研发楼</td><td>折旧方法</td><td>直线法</td></tr>
<tr><td>编号</td><td>1</td><td>使用年限(总工作量)</td><td>40</td><td>使用部门</td><td colspan="2">管理部门</td></tr>
<tr><td>类别名称</td><td>房屋及建筑物</td><td>资产原值</td><td colspan="2">1280000</td><td>资产状态</td><td>正常使用</td></tr>
<tr><td>发票号码</td><td>07123456</td><td>净残值率</td><td>20%</td><td>预计净残值</td><td colspan="2">256000</td></tr>
<tr><td>启用日期</td><td>1999-1-2</td><td>已计提月数(工作量)</td><td>293</td><td colspan="2">剩余折旧期数(工作量)</td><td>187</td></tr>
</table>

图 5–2 固定资产管理卡片

编号是一个选择项，具体操作（如图 5-3 所示）：

（1）“公式”选项卡→“定义名称”组→单击“定义名称”按钮→“新建名称”对话框→输入“编号”→引用位置公式为：“=OFFSET（固定资产清单！ $A$4,,, COUNTA（固定资产清单！ $A：$A）-2,）”；

（2）“数据”选项卡→“数据工具”组→单击“数据验证”按钮→“数据验证”对话框→“允许”下拉列表中选择“序列”→设置来源为：= 编号。

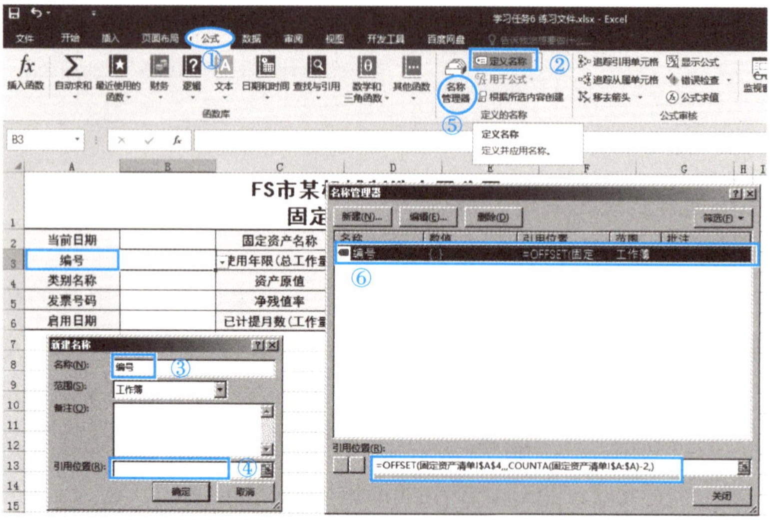

图 5-3 “编号”设置

3. 直线折旧法工作表

（1）直线法又称“平均年限法”，是指根据固定资产的原值、预计净残值或净残值率和规定的预计使用年限，平均计算固定资产折旧额的一种方法。这种方法最大的特点是：每期计算的折旧额是相等的、不变的。直线法下固定资产折旧额的手工计算公式为：

固定资产年折旧额 =（固定资产原值 − 预计净残值）÷ 预计使用年限

固定资产月折旧额 = 固定资产年折旧额 ÷ 12

固定资产年折旧率 =（固定资产年折旧额 ÷ 固定资产原值）× 100%

或者：

固定资产年折旧率 = [（1− 预计净残值率）+ 预计使用年限] × 100%

固定资产月折旧率 = 固定资产年折旧率 ÷ 12

其中：预计净残值率 = 预计净残值 ÷ 固定资产原值 × 100%

（2）直线折旧法应用函数：

在 Excel 中，可以使用 SLN 函数进行计算。SLN 函数的作用是返回固定资产的每期直线折旧额。

函数语法：SLN（cost，salvage，life）

说明：cost 表示资产原值，salvage 表示资产使用年限终了时的估计残值，life 表示资产的折旧期数（也称资产的生命周期）。

（3）直线折旧法 Excel 的应用（图 5-4）。

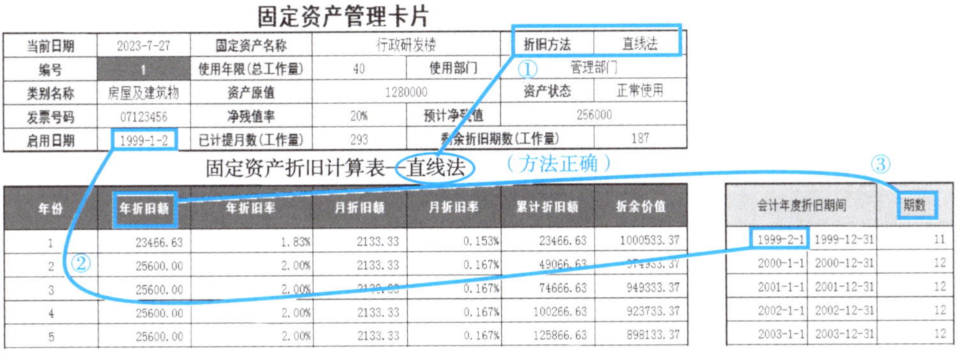

固定资产管理卡片

当前日期	2023-7-27	固定资产名称	行政研发楼		折旧方法	直线法
编号	1	使用年限(总工作量)	40	使用部门	管理部门	
类别名称	房屋及建筑物	资产原值	1280000		资产状态	正常使用
发票号码	07123456	净残值率	20%	预计净残值	256000	
启用日期	1999-1-2	已计提月数(工作量)	293	剩余折旧期数(工作量)		187

固定资产折旧计算表——直线法

年份	年折旧额	年折旧率	月折旧额	月折旧率	累计折旧额	折余价值
1	23466.63	1.83%	2133.33	0.153%	23466.63	1000533.37
2	25600.00	2.00%	2133.33	0.167%	49066.63	[illegible]
3	25600.00	2.00%	[illegible]	0.167%	74666.63	949333.37
4	25600.00	2.00%	2133.33	0.167%	100266.63	923733.37
5	25600.00	2.00%	2133.33	0.167%	125866.63	898133.37

会计年度折旧期间		期数
1999-2-1	1999-12-31	11
2000-1-1	2000-12-31	12
2001-1-1	2001-12-31	12
2002-1-1	2002-12-31	12
2003-1-1	2003-12-31	12

图 5-4　直线折旧法工作表样式

会计年度折旧期间：

①起始时间是启用日期的下一个月（新增固定资产当月不计提折旧）：

=EOMONTH（B6，0）+1。

②终止时间要考虑的是固定资产使用年限到期的月份，也就是报废的月份，报废月折旧是继续计提的，如何确定主要是看到期的年份，可以是到期年份的起始时间 + 期数 ×30，也可以是 =EOMONTH（I49，K49-1）。这个视实际工作具体情况而定。

期数：=DATEDIF（I9，J9，“M”）+1

年折旧额：=ROUND（SLN（$D$4，$F$5，$D$3），2），由于第一年不是足 12 个月，所以，年折旧额 = 月折旧额 × 期数

年折旧率：=B9/$D$4

月折旧额：=ROUND（B10/12，2），由于第一年不是足 12 个月，所以，第一年月折旧额 =ROUND（SLN（$D$4，$F$5，$D$3*12），2）

月折旧率：=C9/12

累计折旧额：=IF（A10="",""，IF（B10<G9，B10+F9，$D$4-$F$5-G9）），第一年的数据来自第一年的年折旧额

折余价值：=IF（A10="",""，$D$4-$F$5-F10），第一年的数据是固定资产原值 - 预计净残值 - 第一年累计折旧额

4. 工作量折旧法工作表

（1）工作量法，是指按照固定资产完成的工作量或工作时数计算折旧的一种方法。方法是：先计算固定资产单位工作量（工作小时）折旧额，简称单位折旧额；然后用固定资产每月完成的工作数量或时数乘以单位折旧额，即可计算出各月份的折旧额。其手工计算公式如下：

$$\text{单位折旧额} = \text{固定资产原值} - \text{预计净残值}\ \frac{\text{固定资产月折旧额}}{\text{固定资产预计使用年限内可完成的总工作量（或时数）}}$$

$$\text{固定资产月折旧额} = \text{固定资产该月完成的工作数量（或时数）} \times \text{单位折旧额}$$

（2）工作量法 Excel 的应用（图 5–5）。

固定资产管理卡片

当前日期	2023-7-28	固定资产名称	福田轻型载货汽车		折旧方法	工作量法
编号	4	使用年限(总工作量)	800000	使用部门	管理部门	
类别名称	运输设备	资产原值	16[illegible]000		资产状态	正常使用
发票号码	16101468	净残值率	5%	预计净残值	8400	
启用日期	2015-10-1	已计提月数(工作量)	620536.6	单位工作量折旧额		0.1995

固定资产折旧计算表—工作量法

月份	工作量期初数	工作量期末数	月工作量	月折旧额	累计折旧额	折余价值
1	-	6,138.50	6,138.50	1224.63	1224.63	158375.37
2	6,138.50	13,250.60	7,112.10	1418.86	2643.49	[illegible]
3	13,250.60	22,380.20	9,129.60	[illegible]	4464.85	155135.15
4	22,380.20	[illegible]	6,176.10	1232.13	5696.98	153903.02
5	28,556.30	34,221.20	5,664.90	1130.15	6827.13	152772.87
6	34,221.20	40,536.60	6,315.40	1259.92	8087.05	151512.95
7						
8						
9						

会计年度折旧期间		期数	已计提工作量
2015-11-1	2015-12-31	2	20000.00
2016-1-1	2016-12-31	12	80000.00
2017-1-1	2017-12-31	12	80000.00
2018-1-1	2018-12-31	12	80000.00
2019-1-1	2019-12-31	12	80000.00
2020-1-1	2020-12-31	12	80000.00
2021-1-1	2021-12-31	12	80000.00
2022-1-1	2022-12-31	12	80000.00
2023-1-1	2023-12-31	12	40536.60

图 5–5　工作量法工作表样式

由于工作量法的关键在于“月工作量”和“单位工作量折旧额”，所以，工作量法的 Excel 应用并不复杂，大部分的函数和公式在直线法中已有介绍。为了便于学习，这里的已计提工作量的数据是直接录入。

单位工作量折旧额：=ROUND（($E$4–$G$5）/E3，4）

月工作量：=IF（D9=0，0，D9–C9）

月折旧额：=ROUND（E9*$H$6，2）

5. 双倍余额递减折旧法工作表

（1）双倍余额递减法，是指在不考虑固定资产残值的情况下，以双倍余额直线折旧率乘以每期期初固定资产账面折余价值来计算每期固定资产折旧额的一种方法。其手工计算公式为：

$$年折旧率 = 2 \div 预计使用年限 \times 100\%$$

$$月折旧率 = 年折旧率 \div 12$$

$$月折旧额 = 月初固定资产账面折余价值 \times 月折旧率$$

由于双倍余额递减法不考虑固定资产的净残值，因此在应用该方法时必须注意：为了不使固定资产的账面折余价值降低到它的预计净残值以下，应当在该固定资产使用年限到期的前两年内，将固定资产折余价值扣除预计净残值后的剩余价值采用直线折旧法在两年间平均摊销，并采用以下计算公式计算得出。

$$到期前两年内年折旧额 = （固定资产账面折余价值 - 预计净残值）\div 剩余使用年限$$

（2）双倍余额递减法应用函数：

在 Excel 中，可以使用 DDB 函数计算本期折旧，最后两年使用 SLN 函数计算折旧额。DDB 函数的作用是根据双倍余额递减法或其他指定方法，返回指定期间某项固定资产的折旧额。

函数语法：DDB（cost，salvage，life，period，factor）

说明：cost 表示资产原值；salvage 表示资产使用年限终了时的估计残值；life 表示资产的折旧期数；period 表示折旧计算的期次，它必须与参数 life 使用相同的单位；factor 表示余额递减速率，若省略则默认值为 2（双倍余额递减）。

（3）双倍余额递减法 Excel 的应用（图 5-6）。

固定资产管理卡片

当前日期	2023-7-28	固定资产名称	大型干湿机		折旧方法	双倍余额递减法
编号	7	使用年限(总工作量)	6	使用部门	管理部门	
类别名称	机器设备	资产原值	117600		资产状态	正常使用
发票号码	11013465	净残值率	5%	预计净残值	5880	
启用日期	2018-6-1	已计提月数(工作量)	60	剩余折旧期数(工作量)		12

① ②

固定资产折旧计算表–双倍余额递减法 (方法正确)

年份	年折旧额	月折旧额	折旧余额	会计年度折旧期间		期数	会计年度折旧/年	会计年度折旧余额
第1年	39,200.00	3,266.67	78,400.00	2018-7-1	2018-12-31	6	19,600.02	19,599.98
第2年	26,133.33	2,177.78	52,266.67	2019-1-1	2019-12-31	12	32,666.66	13,066.65
第3年	17,422.22	1,451.85	34,844.45	2020-1-1	2020-12-31	12	21,777.75	8,711.12
第4年	11,614.81	967.90	23,229.64	2021-1-1	2021-12-31	12	14,518.52	5,807.41
第5年	8,674.82	722.90	14,554.82	2022-1-1	2022-12-31	12	10,144.81	4,337.42
第6年	8,674.82	722.90	5,879.99	2023-1-1	2023-12-31	12	8,674.82	4,337.42
-	-	-	5,879.99	2024-1-1	2024-6-29	6	4,337.42	-
合计	111,720.01	9,310.00	-	合计		72	111,720.00	-

图 5-6　双倍余额递减法工作表样式

年折旧额：=IF（$D$3-MID（A9，2，1）>=2，DDB（$D$4，$G$5，$D$3，MID（A9，2，1）)，SLN（$D$12，$G$5，2））

折旧余额：=ROUND（$D$4-B9，2）

会计年度折旧 / 年：=ROUND（C9*H9，2）

会计年度折旧 / 年（第二年开始）：=IF（J9>0，ROUND（J9+C10*$H$9，2），ROUND（C10*H10，2））

会计年度折旧余额：=ROUND（B9-I9，2），第二年开始：=ROUND（J9+B10-I10，2）

6. 年数总和折旧法工作表

（1）年数总和法又称合计年限法，是指以逐年递减的折旧率乘以一个固定的折旧基数来计算每期折旧额的一种方法。其手工计算公式为：

$$\text{固定的折旧基数} = \text{固定资产原值} - \text{预计净残值}$$

$$\text{逐年递减年折旧率} = \frac{\text{预计折旧年限} - \text{已折旧年限}}{\text{预计使用年限的年数总和}} \times 100\%$$

年折旧率的分子表示固定资产尚可使用年限；分母表示预计使用年数的逐年数字加总之和，该方法也因之而得名。年折旧额手工计算公式为：

$$\text{年折旧额} = (\text{固定资产原值} - \text{预计净残值}) \times \text{逐年递减年折旧率}$$

（2）年数总和法应用函数：

在 Excel 中，可以使用 SYD 函数进行相关计算，SYD 函数的作用是返回某项固定资产按年数总和法计算的每期折旧额。

函数语法：SYD（cost，salvage，life，per）

说明：cost 表示资产原值；salvage 表示资产使用年限终了时的估计残值；life 表示资产的折旧期数；per 表示折旧计算的期次，它必须与参数 life 使用相同的单位。

（3）年数总和法 Excel 的应用（图 5–7）。

固定资产管理卡片

当前日期	2023-7-28	固定资产名称	高效动态吸附仪		折旧方法	年数总和法
编号	14	使用年限(总工作量)	6	使用部门	检验中心	
类别名称	机器设备	资产原值	200000		资产状态	正常使用
发票号码	67104563	净残值率	5%	预计净残值	10000	
启用日期	2018-3-1	已计提月数(工作量)	63	剩余折旧期数(工作量)		9

固定资产折旧计算表- 年数总和法 （方法正确）

年份	年折旧额	月折旧额
1	54285.71	4523.81
2	45238.10	3769.84
3	36190.48	3015.87
4	27142.86	2261.90
5	18095.24	1507.94
6	9047.62	753.97
-	0.00	0.00
合计	190000.00	15833.33

会计年度折旧期间		期数	会计年度折旧/年	会计年度折旧余额
2018-4-1	2018-12-31	9	40,714.29	13,571.42
2019-1-1	2019-12-31	12	47,499.98	11,309.54
2020-1-1	2020-12-31	12	38,452.37	9,047.65
2021-1-1	2021-12-31	12	29,404.75	6,785.76
2022-1-1	2022-12-31	12	20,357.22	4,523.78
2023-1-1	2023-12-31	12	11,309.51	2,261.89
2024-1-1	2024-3-31	3	2,261.89	-
合计		72	190,000.01	-

图 5–7　年数总和法工作表样式

年折旧额：=SYD（$D$4，$G$5，$D$3，A9）

其余项目所运用的公式或函数，请参照前面几种折旧法的设置。

七、本章节各练习题目的具体操作（公式）详解

本章练习是对情况 1 中函数内容的实战，让大家从中领会到一些财务角度的管理思路。在练习前，根据任务单中的练习文件栏，扫码下载并打开练习文件。随后，按提供的函数或公式进行练习。在这里说明一点，所列出的公式不一定是最优的，可能部分公式还存在不足或缺陷，部分公式还有其他的解题思路，欢迎指正和交流。

1. 固定资产清单

单元格位置	项目名称	函数及注释
L4	资产原值	=J4*K4
M4	资产状态	=IF（AND（YEAR（$C$2）=YEAR（G4），MONTH（$C$2）=MONTH（G4）），“当月新增”，IF（（DAYS360（G4，$C$2））/365<=H4，“正常使用”，“报废”））
O4	预计净残值	=L4*N4
P4	已计提月数（工作量）	=IF（A4=""，""，IF（M4=“当月新增”，0，（YEAR（$C$2）-YEAR（G4））*12+MONTH（$C$2）-MONTH（G4）-1））
Q4	本年折旧月数	=IF（M4=“报废”，0，IF（AND（YEAR（G4）<YEAR（$C$2），YEAR（$C$2）<（YEAR（G4）+H4）），12，12-MONTH（G4）））

2. 直线折旧法

单元格位置	项目名称	函数及注释
B2	当前日期	=TODAY（）
B3	编号	说明：点击“数据”|“数据工具”|“数据验证”，弹出的“数据验证”对话框，“设置”|“允许”→序列，“来源”→=固定资产清单！$A$4：$A$45，单击“确定”。
B4	类别名称	=VLOOKUP（$B$3，固定资产清单！$A：$R，MATCH（A4，固定资产清单！$3：$3，0），FALSE） 说明：发票号码等其他能在“固定资产清单”工作表提取的项目，均使用此函数公式，只是更改了对应的项目单元格名。
G6	剩余折旧期数（工作量）	=IF（G4=“报废”，0，$D$3*12-$D$6）
I9	会计年度折旧期间	=EOMONTH（B6，0）+1
J9		=EOMONTH（I9，12-MONTH（I9））
J49		=EOMONTH（I49，K49-1）
K9	期数	=DATEDIF（I9，J9，“M”）+1
K49		=IF（AND（SUM（$K$9：$K$48）<$D$3*12，$D$3*12-SUM（K9：K48）<12），$D$3*12-SUM（$K$9：$K$48），DATEDIF（I48，J48，“M”）+1） 最后一年，设计要符合财务制度。
D9	月折旧额	=ROUND（SLN（$D$4，$F$5，$D$3*12），2） 本例中，固定资产第一年不是全年计提折旧，考虑从月返回到年。
D10		=ROUND（B10/K10，2） 第二年开始，固定资产全年计提折旧。由年计算月。
B9	年折旧额	=ROUND（D9*K9，2）
B10		=ROUND（SLN（$D$4，$F$5，$D$3），2） 第二年开始，固定资产全年计提折旧。
B49		=ROUND（IF（G48<B48，G48，SLN（$D$4，$F$5，$D$3）），2） 最后一年。
C9	年折旧率	=B9/$D$4
E9	月折旧率	=C9/12
F9	累计折旧额	=B9 新固定资产购买之前无折旧情况。
F10		=IF（A10="",""，IF（B10<G9，B10+F9，$D$4-$F$5-G9）） 由于第一年产生了累计折旧，第二年开始，计算方式调整。
F49		=IF（A49="",""，IF（F48+G48=$D$4-$F$5，$D$4-$F$5，F48+B49）） 最后一年。
G9	折余价值	=$D$4-$F$5-F9
G10		=IF（A10="",""，$D$4-$F$5-F10） 由于第一年产生了累计折旧，第二年开始，计算方式调整。

3. 工作量折旧法

单元格位置	项目名称	函数及注释
D6	已计提月数（工作量）	=ROUND（SUM（OFFSET（M8：M20，0，0，41，1）），2）
G6	单位工作量折旧额	=ROUND（SLN（$D$4，$F$5，$D$3），4） 说明：根据理论知识，SLN 函数满足要求。
B10	工作量期初数	=C9 说明：假设第一个月没有数据。
D9	月工作量	=IF（C9=0，0，C9-B9）
E9	月折旧额	=ROUND（D9*$G$6，2）
F9	累计折旧额	=E9 说明：假设第一个月没有数据。
F10		=IF（A10="",""，IF（E10<G9，E10+F9，$D$4-$F$5-G9））
G9	折余价值	=$D$4-$F$5-F9
G10		=IF（A10="",""，$D$4-$F$5-F10）

4. 双倍余额递减折旧法

单元格位置	项目名称	函数及注释
B9	年折旧额	=ROUND（IF（$D$3-MID（A9，2，1）>=2，DDB（$D$4，$G$5，$D$3，MID（A9，2，1）），SLN（$D$12，$G$5，2）），2）
D9	折旧余额	=ROUND（$D$4-B9，2）
I9	会计年度折旧/年	=ROUND（C9*H9，2）
I10		=IF（J9>0，ROUND（J9+C10*$H$9，2），ROUND（C10*H10，2））
J9	会计年度折旧余额	=ROUND（B9-I9，2）
J10		=ROUND（J9+B10-I10，2）

5. 年数总和折旧法

单元格位置	项目名称	函数及注释
B9	年折旧额	=SYD（$D$4，$G$5，$D$3，A9）

八、任务资源（固定资产管理）

（PPT 课件）

（效果文件）

学习任务 6　工资薪金管理

一、学习任务描述

工资是指企业依据法律规定、行业规则或根据与员工之间的约定，以货币形式对员工的劳动所支付的薪金。工资通常以一个月度为一个区间进行计算和支付。因此，财务人员必须每月及时计算员工工资。同时，员工取得的工资收入如果达到“个人所得税”的起征点，将由企业在规定期限内代扣代缴。因此，财务人员在计算工资的同时，还应当根据“个人所得税”的相关规定，预先核算应纳税额。个人所得税的计算方法虽然简单，但是计算过程比较复杂，如果手工计算则不仅大幅度降低工作效率，而且税额的准确性难以保证。因此，本任务将着重介绍如何运用 Excel 制作工资表、计算个人所得税及制作工资条，将看似复杂的工作简单化，从而帮助财务人员轻松、高效地完成工作任务。

二、实践目标

1. 掌握工资薪金管理中各类工资基础数据表格的设置。
2. 熟练掌握绩效工资、奖金数据的计算、保险与公积金的计算、个人所得税的计算。
3. 熟练掌握工资条的生成与打印。
4. 掌握制作数据透视图。
5. 将所学理论知识和操作技能综合运用于工作实践，提升自己的动手能力。

三、工作任务单

表 6–1　工作任务单

学习任务名称	工资薪金管理	学时	____学时
任务描述	根据公司的实际情况，给工资薪金文档设定函数或编辑公式，帮助财务人员轻松、高效地完成工资核算任务。（见下表）		

2023年 1 月 工 资 统 计 表

工号	姓名	所属部门	基本工资	工龄工资	福利补贴	绩效或奖励	加班费	满勤奖金	应付工资	保险\公积金扣款	计税工资	代扣代缴个税	应发工资	考勤扣款	其他扣款	实发工资
1001	贾祖伟	综合管理部	13240.00	700.00	500.00	0.00	0.00	0.00	14440.00	2932.20	11507.80	165.23	11342.57	60.00	0.00	11282.57
1002	凌霜	综合管理部	11740.00	650.00	600.00	0.00	0.00	500.00	13490.00	2396.44	11093.56	32.81	11060.75	0.00	0.00	11060.75
1003	张磊龙	综合管理部	9240.00	550.00	500.00	979.00	0.00	0.00	11269.00	857.94	10411.06	90.33	10320.73	60.00	0.00	10260.73
1004	钱继东	人力资源部	16240.00	650.00	500.00	0.00	0.00	0.00	17390.00	1672.44	15717.56	306.53	15411.03	20.00	0.00	15391.03
1005	姜星	人力资源部	5490.00	550.00	500.00	0.00	740.00	0.00	7280.00	2939.44	4340.56	0.00	4340.56	180.00	0.00	4160.56
1006	韩倩琦	财务部	3180.00	500.00	600.00	0.00	1385.71	500.00	6165.71	993.69	5172.02	0.00	5172.02	0.00	0.00	5172.02
1007	练亦明	财务部	3490.00	250.00	500.00	299.20	1464.76	0.00	6003.96	575.58	5428.38	0.00	5428.38	160.00	0.00	5268.38
1008	于纪伟	财务部	3320.00	500.00	500.00	0.00	100.00	0.00	4420.00	631.69	3788.31	0.00	3788.31	60.00	0.00	3728.31
1009	赵新元	财务部	3340.00	350.00	500.00	369.00	510.00	500.00	5569.00	600.92	4968.08	0.00	4968.08	0.00	0.00	4968.08
1010	程磊	采购部	4090.00	500.00	600.00	459.00	820.00	0.00	6469.00	604.54	5864.46	0.00	5864.46	140.00	0.00	5724.46
1011	周文武	采购部	3740.00	500.00	500.00	424.00	1592.38	0.00	6756.38	740.29	6016.09	0.00	6016.09	220.00	0.00	5796.09
1012	周浩	采购部	7240.00	500.00	500.00	0.00	0.00	0.00	8240.00	676.94	7563.06	1.89	7561.17	0.00	15.00	7546.17
1013	梁跃权	采购部	4340.00	200.00	500.00	954.00	1706.67	0.00	7700.67	2932.20	4768.47	0.00	4768.47	20.00	0.00	4748.47
1014	赵玮	采购部	4190.00	500.00	600.00	1469.00	200.00	0.00	6959.00	785.54	6173.46	0.00	6173.46	60.00	0.00	6113.46
1015	胡硕	采购部	4040.00	500.00	500.00	336.20	0.00	0.00	5376.20	758.39	4617.81	0.00	4617.81	60.00	0.00	4557.81
1016	刘滨	仓储配送部	3940.00	600.00	650.00	227.00	1095.24	0.00	6512.24	731.24	5781.00	0.00	5781.00	160.00	200.00	5421.00
1017	肖玉	仓储配送部	6040.00	500.00	750.00	0.00	0.00	0.00	7290.00	713.14	6576.86	17.31	6559.55	280.00	60.00	6219.55
1018	雷振宇	仓储配送部	2680.00	500.00	650.00	254.40	540.00	0.00	4624.40	2360.24	2264.16	0.00	2264.16	220.00	0.00	2044.16
1019	俞锦华	仓储配送部	4790.00	350.00	750.00	514.00	20.00	500.00	6924.00	485.08	6438.92	7.17	6431.75	0.00	0.00	6431.75
1020	倪静	仓储配送部	3540.00	500.00	750.00	523.20	40.00	0.00	5353.20	866.99	4486.21	0.00	4486.21	160.00	0.00	4326.21
1021	黄俊朗	仓储配送部	4090.00	450.00	650.00	654.00	370.00	0.00	6214.00	640.74	5573.26	0.00	5573.26	120.00	0.00	5453.26
1022	董晓珊	仓储配送部	7340.00	450.00	750.00	979.00	0.00	0.00	9519.00	740.29	8778.71	113.36	8665.35	40.00	0.00	8625.35
1023	梁爽	仓储配送部	4140.00	450.00	750.00	0.00	1568.57	0.00	6908.57	1328.54	5580.03	0.00	5580.03	60.00	0.00	5520.03
1024	王红兵	仓储配送部	3740.00	500.00	750.00	339.20	640.00	0.00	5969.20	749.34	5219.86	0.00	5219.86	20.00	0.00	5199.86
1025	戴鑫	仓储配送部	3740.00	450.00	650.00	335.20	1156.19	0.00	6331.39	676.94	5654.45	0.00	5654.45	60.00	0.00	5594.45
1026	[illegible]	[illegible]	8640.00	450.00	500.00	909.00	300.00	0.00	10799.00	676.94	10122.06	120.66	10001.40	100.00	0.00	9901.40

职员档案　福利补贴管理表　奖金管理表　考勤统计表　加班统计表　社保医保　专项附加扣除　工资统计表　工资条　(拓展)累计工资明细统计表　累计…

续表

<table>
<tr><th>学习任务名称</th><th colspan="4">工资薪金管理</th><th>学时</th><th>____学时</th></tr>
<tr><td>典型工作过程描述</td><td colspan="6">1. 收集数据—2. 建立工作表—3. 编辑函数或公式—4. 结果验证</td></tr>
<tr><td>学习目标</td><td colspan="6">1. 知识、技能
（1）理解在 Excel 中工资管理的设计思路；
（2）掌握 Excel 函数 LOOKUP、VLOOKUP、INDEX 等的应用；
（3）熟练掌握绩效工资、奖金数据的计算，保险与公积金的计算，个人所得税的计算；
（4）熟练掌握工资条的生成与打印；
（5）掌握制作数据透视图。
2. 提高职业核心能力
（1）提高学生查阅学习资料的能力；
（2）提高学生的文字和语言能力；
（3）提高学生的动手操作能力；
（4）树立职业道德和依法依规工作的意识。
3. 培养良好的职业素养
通过保持活学活用、熟能生巧的良好心态，学习正确使用 Excel 编辑出所需要的文档，同时保持桌面整洁，座椅周围无垃圾杂物，离开机房时物归原处等，逐渐培养良好的基本职业素养。</td></tr>
<tr><td rowspan="2">学时安排</td><td>准备</td><td>计划</td><td>决策</td><td>实施</td><td>检查</td><td>评价</td></tr>
<tr><td>____学时</td><td>____学时</td><td>____学时</td><td>____学时</td><td>____学时</td><td>____学时</td></tr>
<tr><td>对学生的要求</td><td colspan="6">（1）收集数据：包括所需项目数据的来源和表间顺序的排列设定。首先，要查看用户需求，详细了解任务内容。其次，对工资薪金数据项目的来源进行落实，并设计所需工作表的名称。最后，学会运用所学知识遴选出需要使用的函数或需要编辑的公式。
（2）建立工作表：根据步骤 1 在 Excel“工资薪金”文档对应工作表进行名称设定，并编排好各工作表的顺序，特别是注意表与表之间数据的调用。
（3）编辑函数或公式：根据步骤 2 在 Excel“工资薪金”文档各个工作表中对应的项目输入相关函数或公式，达成所要的结果。
（4）结果验证：根据步骤 2、3 完成的情况，查验结果是否达到要求，必须要和实际情况相同且没有错误。</td></tr>
<tr><td>练习文件</td><td colspan="6"></td></tr>
</table>

四、任务分组

表 6-2　学生任务分配表

<table>
<tr><th>学习任务名称</th><th colspan="3">工资薪金管理</th><th>学时</th><th>____学时</th></tr>
<tr><td>班级</td><td colspan="2"></td><td>组名</td><td colspan="2"></td></tr>
<tr><td>组长</td><td></td><td>学号</td><td></td><td>指导老师</td><td></td></tr>
</table>

续表

学习任务名称	工资薪金管理			学时	____学时	
组员	姓名	学号	姓名	学号	姓名	学号
	姓名	学号	姓名	学号	姓名	学号
	姓名	学号	姓名	学号	姓名	学号
任务分工：						

五、任务工作环节

任务工作环节包括：收集数据、建立工作表、编辑函数或公式、结果验证 4 个方面，教学和学习的方式及流程有准备、计划、决策、实施、检查、评价共 6 个环节。

1. 工作准备

阅读和理解工作任务，收集用户的具体需求，了解用户的操作环境，结合任务查找相关应用知识并分析任务在实施中的难点和常见的问题。

2. 工作计划

针对“工资薪金”文档编辑过程中所使用的工作表、过程中所用到的函数或公式、最终结果制定工作计划。

引导问题 1： 观看（搜索）任务相关视频。

思考学习： 分析“工资薪金”文档工作表有哪些。

引导问题 2： 学生分组讨论，根据任务工作环节说出工作过程如何实施，实施过程中的难点与解决方法有哪些。（请根据讨论结果，在下表中填写内容）

序号	难点	解决方法

引导问题 3： 制定工作计划和实施方案步骤。

序号	步骤名称	工作要点

3. 工作决策

在小组内讨论每个同学的方法和步骤，分析优劣，综合每位同学的意见，确定小组的最终实施方案。

小组决策 □ 个人决策 □	决策意见：（从收集数据、建立工作表、编辑函数或公式、结果验证等方面考虑）
	任务流程：
	注意事项：

4. 工作实施

引导问题 4： 编辑“工资薪金”文档，用自己的语言把所使用的工作表及函数或公式的作用和效果描述出来。

序号	工作表及函数或公式	作用	效果

引导问题 5： 对应工作表及函数或公式项目设置时，要注意的事项有哪些？

序号	工作表及函数或公式	项目设置要求	注意事项

5. 工作检查

表 6–3　检查单

<table>
<tr><th>任务</th><th colspan="4">完成情况记录</th></tr>
<tr><td>任务是否按计划时间完成</td><td colspan="4"></td></tr>
<tr><td>相关理论完成情况</td><td colspan="4"></td></tr>
<tr><td>技能操作熟练程度</td><td colspan="4"></td></tr>
<tr><td>任务完成情况</td><td colspan="4"></td></tr>
<tr><td>任务创新情况</td><td colspan="4"></td></tr>
<tr><td>文档上交情况</td><td colspan="4"></td></tr>
<tr><td rowspan="3">检查评价</td><td>班级</td><td></td><td>组别</td><td></td></tr>
<tr><td>小组成员</td><td></td><td>组长签名</td><td></td></tr>
<tr><td colspan="4">评语：</td></tr>
</table>

6. 工作评价

各组代表展示成果，介绍任务的完成过程。成果展示前就阐述材料完成评价考核表 6–4，综合等级评价档次统一采用 A【优秀 90（含）~100 分】、B【良好 75（含）~90 分】、C【合格 60（含）~75 分】、D【努力 60 分以下】。

表 6–4　评价考核表

<table>
<tr><th rowspan="2">项目名称</th><th rowspan="2">评价内容</th><th rowspan="2">分值</th><th colspan="3">评价等级</th></tr>
<tr><th>自评</th><th>互评</th><th>师评</th></tr>
<tr><td rowspan="4">职业素养考核项目（40%）</td><td>穿戴规范、整洁，仪容仪表符合要求</td><td>5 分</td><td></td><td></td><td></td></tr>
<tr><td>安全意识、责任意识、服从意识、纪律意识</td><td>10 分</td><td></td><td></td><td></td></tr>
<tr><td>积极参加教学活动，按时完成学生工作活页</td><td>15 分</td><td></td><td></td><td></td></tr>
<tr><td>团队合作、沟通交流</td><td>10 分</td><td></td><td></td><td></td></tr>
<tr><td rowspan="6">专业能力考核项目（60%）</td><td>专业知识查找及时、准确</td><td>5 分</td><td></td><td></td><td></td></tr>
<tr><td>操作符合规范</td><td>5 分</td><td></td><td></td><td></td></tr>
<tr><td>引导问题、表单填写</td><td>10 分</td><td></td><td></td><td></td></tr>
<tr><td>操作熟练度、工作效率</td><td>15 分</td><td></td><td></td><td></td></tr>
<tr><td>掌握关键操作要领</td><td>15 分</td><td></td><td></td><td></td></tr>
<tr><td>成果质量、展示汇报</td><td>10 分</td><td></td><td></td><td></td></tr>
<tr><td colspan="6">总分</td></tr>
<tr><td rowspan="2">总评</td><td rowspan="2">自评（20%）+ 互评（30%）+ 师评（50%）=</td><td>综合等级</td><td colspan="3" rowspan="2">教师（签名）：</td></tr>
<tr><td></td></tr>
</table>

7. 任务总结报告

班　　级		组　　别	
小组成员			
记　　录		时　　间	
总结报告	要点：请分段阐述个人对任务理解、准备内容收集、计划与决策讨论、任务实施体会、考核评价意见等方面的完成情况。		
批阅记录	教师签名：　　　日期：		

六、关于工资薪金管理的相关知识点

（一）在 Excel 中工资管理的设计思路

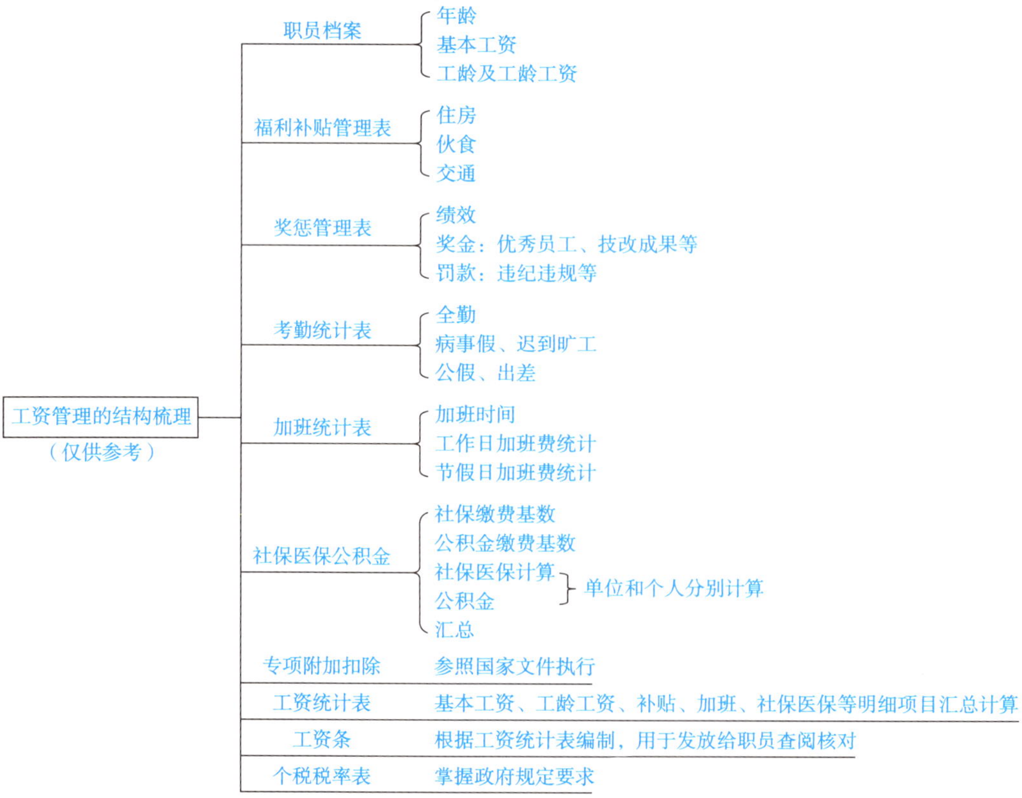

（二）各工作表中公式和函数的应用

1. 职员档案工作表

在应发工资核算中，尤以职员基本信息为重要，在职员档案工作表中包含了工号、姓名、身份证号码、所属部门和入职时间等。身份证号码用于确定职员的出生日期、年龄和性别，而入职日期则是在后面我们核算工资时，用于确定职员的确切工龄。

年龄：=YEAR（TODAY（））-MID（F3，7，4），F3 为身份证明号码

工龄：=DATEDIF（H3，TODAY（），"Y"），H3 为入职时间

2. 福利补贴管理工作表

根据企业规模的不同，对职员的福利保障水平也不相同。本任务假设包含住房补贴、伙食补贴、交通补贴几项。

住房补贴、伙食补贴、交通补贴，使用了 IF 函数，其中，伙食补贴 =IF（OR（D3="基本生产工人"，D3="辅助生产工人"），350，IF（OR（D3="司机保安"，D3="后勤保洁"），300，IF（OR（D3="销售部"，D3="仓储配送部"），250，200））），使用了 IF 函数嵌套及 OR 函数。

3. 奖惩管理工作表

公司销售部职员会根据当月的销售业绩建立本月奖惩管理表，如果达到业绩规定会发放奖金，没有达到业绩规定就会有罚金。当然，还有一些其他奖励和罚款数据都需要记录到本期工资数据中，因此需要建立一张工作表来统计这些数据。

绩效金额有这样一个批注说明：由基本工资 + 工龄工资按等级 A、B、C、D、E、Q，对应比率 10%、8%、5%、3%、0%、0%，计算出来。为此，绩效金额 =IF（D3="A"，（职员档案！ J3+ 职员档案！ K3）*0.1，IF（D3="B"，（职员档案！ J3+ 职员档案！ K3）*0.08，IF（D3="C"，（职员档案！ J3+ 职员档案！ K3）*0.05，IF（D3="D"，（职员档案！ J3+ 职员档案！ K3）*0.03，0）））），使用了 IF 函数嵌套。

此外，所属部门、绩效考核等级作了选择项设置，在此暂时不作介绍。

4. 社保医保

社保医保的核定，一般可以直接从政府相关系统后台导出数据。它的主要项目包括：社保缴费基数、公积金缴费基数以及社保中的具体几大项目。

为了后面表格计算的方便，建议采用单行的表头去制作社保医保工作表，公司负责的社保，可以简写成为司养老、司医疗、司生育、司失业、司工伤和总社保（司）。这样的写法不仅简单易懂，而且方便于对单行表头的表格进行处理。

另外，本任务社保医保公积金的计算参照《2023 社保年度广州社保缴费基数上下限及缴费比例》。

5. 专项附加扣除

本工作表所有数据仅用于学习、参考，不作解释。具体执行标准一律按国家政策文件规定。

6. 工资统计工作表

完成了前面一些基本表格的创建后，接着可以创建工资统计表，这张表格的数据需要引用前面表格的各项数据来完成。我们仍然利用公式来返回工资表中各数据，从而让建立的工资表每月都可以使用，无须更改。

工资统计表应用了以下几个函数：VLOOKUP，MATCH，SUM，IF，MAX，ROUND。

姓名：=VLOOKUP（A3，职员档案！ $B：$D，2）

加班费：=VLOOKUP（A3，加班统计表！ A：I，MATCH（$H$2，加班统计表！$A$2：$I$2，0））

应付工资：=SUM（D3：I3）

应纳税所得额：=IF（（L3-S3-5000）>0，（L3-S3-5000），0）

税率：=IF（T3=0，0，IF（AND（T3>0，T3<=36000），0.03，IF（AND（T3>36000，T3<=144000），0.1，IF（AND（T3>144000，T3<=300000），0.2，IF（AND（T3>300000，T3<=420000），0.25，IF（AND（T3>420000，T3<=660000），0.3，IF（AND（T3>660000，T3<=9600000），0.35，IF（T3>9600000，0.45））））））））

速算扣除数：=MAX（IF（U3={0，0.03，0.1，0.2，0.25，0.3，0.35，0.45}，{0，0，2520，16920，31920，52920，85920，181920}，0），0）

应纳税额：=ROUND（T3*U3-V3，2）

（三）生成职员工资条

1. 工资条的制作

完成工资统计表的创建之后，生成工资条是一项必要的工作。工资条是职员领取工资的一个详单，便于职员详细地了解本月应发工资明细与应扣工资明细。

其实制作工资条引用工资统计表数据的方法非常简单，运用 Excel 相关函数设置公式即可，其难点在于：如何在每位职员的每项工资明细上方都加入标题和表头，甚至在“工资条”表格下面留出一个空白行，方便使用。本节将介绍两种方法，运用两种不同的函数组合设置公式，配合操作技巧，制作一张带标题、表头、空白行的工资条。

具体操作：新建一张工作表，命名“××××年××月工资条”→选中“工资统计表”标题→复制、粘贴至新建的工作表中→在 A3 单元格中设置公式“=INDEX（‘工资统计表’，！ A：A，ROW（）/4+3）”→将公式复制、粘贴至后面标题对应的单元格→绘制表格线→选中 A2：Q4 区域，向下填充即可生成所有职员工资条，如图 6-1 所示。

公式中“ROW（）/4+3”部分的含义是：ROW 函数是指返回当前单元格所在的行数，本例返回数字“3”，除以 4 是因为工资条表格所占用的区域有 4 行，最后加上 3 得到的结果是 3.75，那么系统返回的数字依然是“4”。因此整个公式的含义是：在“工资表”工作表中的 A 列中查找并返回第 4 行的值。其他单元格以此类推进行理解。

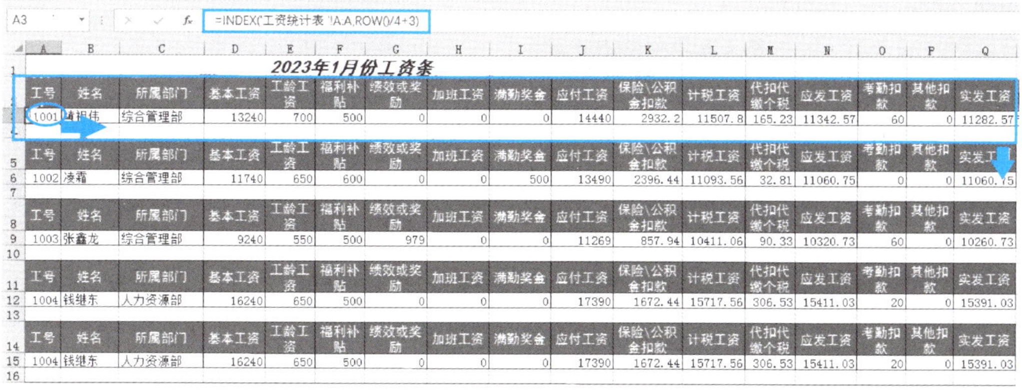

=INDEX('工资统计表'!A:A,ROW()/4+3)

2023年1月份工资条

工号	姓名	所属部门	基本工资	工龄工资	福利补贴	绩效或奖励	加班工资	满勤奖金	应付工资	保险\公积金扣款	计税工资	代扣代缴个税	应发工资	考勤扣款	其他扣款	实发工资
1001	黄祖伟	综合管理部	13240	700	500	0	0	0	14440	2932.2	11507.8	165.23	11342.57	60	0	11282.57
工号	姓名	所属部门	基本工资	工龄工资	福利补贴	绩效或奖励	加班工资	满勤奖金	应付工资	保险\公积金扣款	计税工资	代扣代缴个税	应发工资	考勤扣款	其他扣款	实发工资
1002	凌霜	综合管理部	11740	650	600	0	0	500	13490	2396.44	11093.56	32.81	11060.75	0	0	11060.75
工号	姓名	所属部门	基本工资	工龄工资	福利补贴	绩效或奖励	加班工资	满勤奖金	应付工资	保险\公积金扣款	计税工资	代扣代缴个税	应发工资	考勤扣款	其他扣款	实发工资
1003	张鑫龙	综合管理部	9240	550	500	979	0	0	11269	857.94	10411.06	90.33	10320.73	60	0	10260.73
工号	姓名	所属部门	基本工资	工龄工资	福利补贴	绩效或奖励	加班工资	满勤奖金	应付工资	保险\公积金扣款	计税工资	代扣代缴个税	应发工资	考勤扣款	其他扣款	实发工资
1004	钱继东	人力资源部	16240	650	500	0	0	0	17390	1672.44	15717.56	306.53	15411.03	20	0	15391.03
工号	姓名	所属部门	基本工资	工龄工资	福利补贴	绩效或奖励	加班工资	满勤奖金	应付工资	保险\公积金扣款	计税工资	代扣代缴个税	应发工资	考勤扣款	其他扣款	实发工资
1004	钱继东	人力资源部	16240	650	500	0	0	0	17390	1672.44	15717.56	306.53	15411.03	20	0	15391.03

图 6–1　工资条

2. 工资条的打印

工资条的打印：参照“学习任务 1　高效规范地制作财务表格”→六、关于表格编辑的相关知识点→（四）Excel 工作表内容预览和打印，如图 6–2 所示。

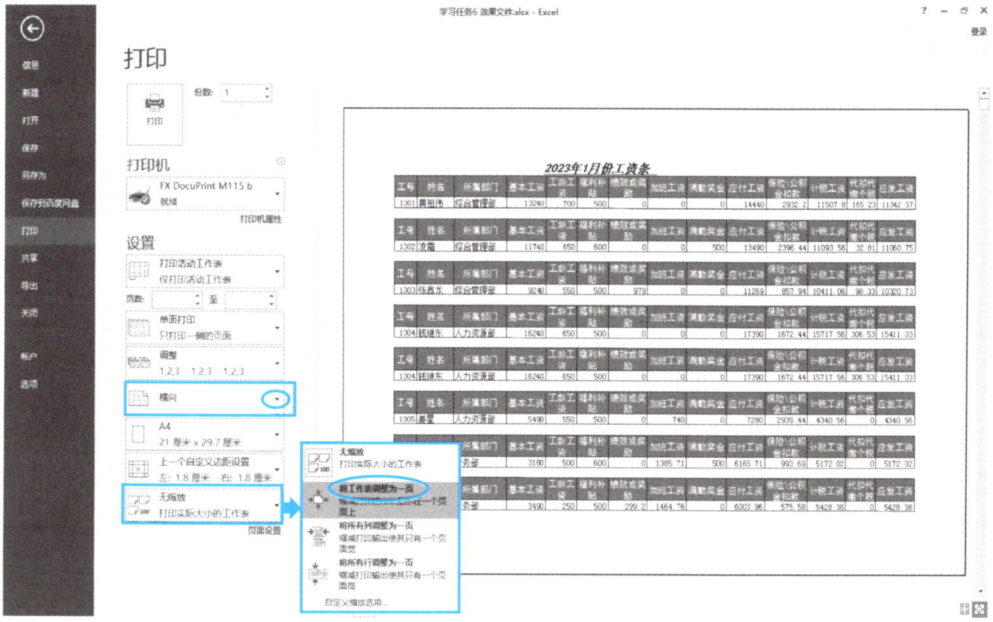

图 6–2　工资条预览及打印

（四）累计工资明细统计表的作用

自 2019 年 1 月 1 日起，个人所得税按照最新标准执行。主要内容包括：免征额提高至 60000 元 / 年，适用的税率依然为 7 级超额累进税率，即每月工资扣除准予扣除“五险一金”、新增“专项扣除”及其他允许扣除的项目金额之后，其所得额超出 60000 元的部分作为应纳税所得额，据此计算个人所得税应纳税额。同时，按照超出 60000 元部分的金额由小到大划分为 7 级，税率也随之逐级递增。自 2018 年 10 月 1 日至 12 月 31 日，先将工资、薪金所得基本减除费用标准提高至 5000 元 / 月，并适用新的综合所得税率。国家相关部门发布的个人所得税最新税率表如下：

免征额：5000

个人所得税预扣率表一

（居民个人工资、薪金所得预扣预缴适用）			
级数	累计预扣预缴应纳税所得额	预扣率（%）	速算扣除数
1	不超过36000元的部分	3%	0
2	超过36000元至144000元的部分	10%	2520
3	超过144000元至300000元的部分	20%	16920
4	超过300000元至420000元的部分	25%	31920
5	超过420000元至660000元的部分	30%	52920
6	超过660000元至960000元的部分	35%	85920
7	超过960000元的部分	45%	181920

起步点	税率	速算扣除数
0	3%	0
36000	10%	2520
144000	20%	16920
300000	25%	31920
420000	30%	52920
660000	35%	85920
960000	45%	181920

劳务报酬所得、稿酬所得、特许权使用费所得以收入减除百分之二十的费用后的余额为收入额。稿酬所得的收入额减按百分之七十计算。

个人所得税预扣率表二

（居民个人劳务报酬所得预扣预缴适用）			
级数	预扣预缴应纳税所得额	预扣率（%）	速算扣除数
1	不超过20000元的	20%	0
2	超过20000元至50000元的部分	30%	2000
3	超过50000元的部分	40%	7000

起步点	税率	速算扣除数
0	20%	0
20000	30%	2000
50000	40%	7000

免征额：5000

个人所得税税率表三

（非居民个人工资、薪金所得，劳务报酬所得，稿酬所得，特许权使用费所得适用）			
级数	应纳税所得额	税率（%）	速算扣除数
1	不超过3000元的	3%	0
2	超过3000元至12000元的部分	10%	210
3	超过12000元至25000元的部分	20%	1410
4	超过25000元至35000元的部分	25%	2660
5	超过35000元至55000元的部分	30%	4410
6	超过55000元至80000元的部分	35%	7160
7	超过80000元的部分	45%	15160

起步点	税率	速算扣除数
0	3%	0
3000	10%	210
12000	20%	1410
25000	25%	2660
35000	30%	4410
55000	35%	7160
80000	45%	15160

在“工资统计表”中，我们也有个税的计算，但仅适用于每年第一个月或新开公司的第一次工资计算，要执行国家的政策，事先要厘清应纳税所得额、预扣率、速算扣除数、应预扣缴费额、减免税额和应预缴个税。本文件仅供课程理解和操作，相关内容请以当地的正式文件为准。要想更好地处理好工资薪金管理，还是要通过“累计工资明细统计表、累计数据、个税税率表”3 个表去进行，这里不再详细讲解，如图 6-3~ 图 6-5 所示。

FS市某机械制造有限公司 工资核算一览表　202301　标准工作日 21　基本工资/工作日*2　20元/小时　其它收入　各参数表列标题与计算表列标题

工号	姓名	所属部门	身份证号	年月	基本工资	工龄津贴	福利补贴	工作日加班	节假日加班	绩效金额	满勤奖金	奖金	应发工资	累计应发	司养老	司医疗
1001	蕾祖伟	综合管理部	110108197812********0	202301	13240	700	500	0	0	0	0	0	14,440	14,440	2268	1109.7
1002	凌雨	综合管理部	360403198608********3	202302	11740	650	600	0	0	0	500	0	13,490	13,490	1853.6	906.94
1003	张鑫龙	综合管理部	130103199112********3	202303	9240	550	500	0	0	979	0	0	11,269	11,269	663.6	324.69
1004	钱继东	人力资源部	440607197906********2	202304	16240	650	500	0	0	0	0	0	17,390	17,390	1293.6	632.94
1005	姜星	人力资源部	150102197910********2	202305	5490	550	500	740	0	0	0	0	7,280	7,280	2273.6	1112.44
1006	韩倩琦	财务部	440607196812********6	202306	3180	500	600	780	605.71	0	500	0	6,166	6,166	768.6	376.065
1007	练亦明	财务部	370403199311********6	202307	3490	250	500	800	664.76	299.2	0	0	6,004	6,004	445.2	217.83
1008	于纪伟	财务部	142429197804********7	202308	3320	500	500	100	0	0	0	0	4,420	4,420	488.6	239.065

… 奖惩管理表 | 考勤统计表 | 加班统计表 | 社保医保 | 专项附加扣除 | 工资统计表 | 工资条 | (拓展)累计工资明细统计表 | 累计数据 | 个税税率表

图 6-3　累计工资明细统计表

员工编号	累计应发	累计固定减除	累计专项扣除（三险一金）	累计已预扣预缴税额	累计减免总额
1001	0	0	0	0	0
1002	0	0	0	0	0
1003	0	0	0	0	0
1004	0	0	0	0	0
1005	0	0	0	0	0
1006	0	0	0	0	0
1007	0	0	0	0	0
1008	0	0	0	0	0
1009	0	0	0	0	0
1010	0	0	0	0	0
1011	0	0	0	0	0

图 6–4　累计数据

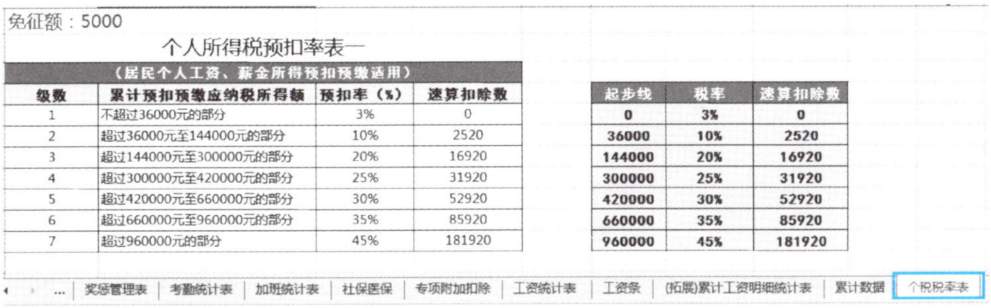

免征额：5000

个人所得税预扣率表一

级数	累计预扣预缴应纳税所得额	预扣率（%）	速算扣除数
（居民个人工资、薪金所得预扣预缴适用）			
1	不超过36000元的部分	3%	0
2	超过36000元至144000元的部分	10%	2520
3	超过144000元至300000元的部分	20%	16920
4	超过300000元至420000元的部分	25%	31920
5	超过420000元至660000元的部分	30%	52920
6	超过660000元至960000元的部分	35%	85920
7	超过960000元的部分	45%	181920

起步线	税率	速算扣除数
0	3%	0
36000	10%	2520
144000	20%	16920
300000	25%	31920
420000	30%	52920
660000	35%	85920
960000	45%	181920

图 6–5　个税税率表

（五）建立数据透视图统计各部门的工资额

数据透视图的建立在前面任务已有介绍，本任务具体操作如下：

（1）切换到“工资统计表”工作表→单击数据任意单元格→点击“插入”选项卡→“数据透视图”按钮→“创建数据透视图”对话框→选择一个表或区域，编辑框显示了选中的单元格区域→选择放置数据透视表的位置：新工作表，如图 6–6 所示。

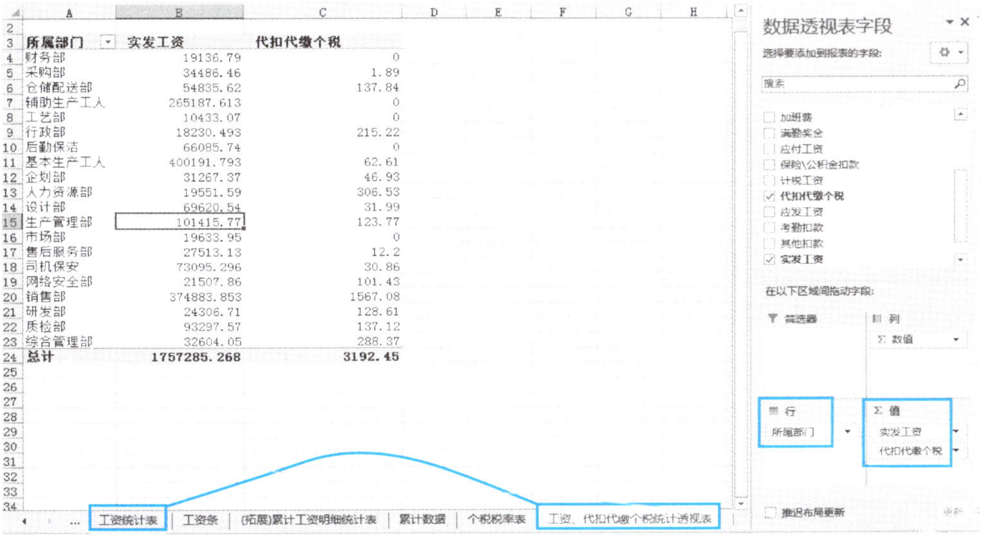

所属部门	实发工资	代扣代缴个税
财务部	19136.79	0
采购部	34486.46	1.89
仓储配送部	54835.62	137.84
辅助生产工人	265187.613	0
工艺部	10433.07	0
行政部	18230.493	215.22
后勤保洁	66085.74	0
基本生产工人	400191.793	62.61
企划部	31267.37	46.93
人力资源部	19551.59	306.53
设计部	69620.54	31.99
生产管理部	101415.77	123.77
市场部	19633.95	0
售后服务部	27513.13	12.2
司机保安	73095.296	30.86
网络安全部	21507.86	101.43
销售部	374883.853	1567.08
研发部	24306.71	128.61
质检部	93297.57	137.12
综合管理部	32604.05	288.37
总计	1757285.268	3192.45

图 6–6　工资、代扣代缴个税统计透视表

（2）切换到“数据透视表工具”→点击“选项”选项卡→“工具”组→“数据透视图”按钮→根据实际情况选择“组合”的图表类型→点击“设计”选项卡→可在图表样式和更改颜色选项中自定义所需要的图表样式，如图 6–7 所示。

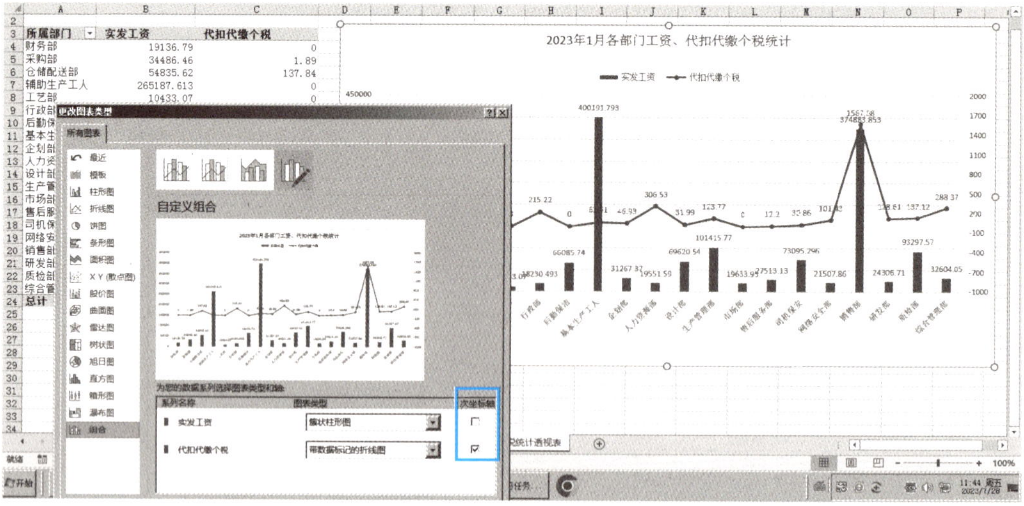

图 6–7　数据透视图

总的来说，工资薪金管理涉及的不论是工资子表还是具体项目都是纷繁复杂的，毕竟和我们的切身利益息息相关，所以我们在制作工资薪金管理表的时候需要谨小慎微。从最开始就需要先搭建好框架，了解整个工资表的结构以及所包含的几大项，然后从新版个税的核算开始，进行复杂的计算。之所以说比较复杂，细小的知识点繁多，不仅仅是因为我们要运用丰富多彩的函数组合，同时我们还要了解具体的相关政策和公司规定中关于每一项工资、税款的具体算法，稍有疏忽，我们得到的往往就是另外一个结果，而且有时候函数还不会报错，就更加需要我们用心对待我们经手的每一个项目。

七、本章节各练习题目的具体操作（公式）详解

本练习以案例的形式详细介绍了人力资源管理工作中经常接触到的典型应用，每个工作表练习都是一个案例，均拥有固定的结构。练习丰富实用，包括人力资源管理应用的多个方面，分为员工档案管理、员工福利管理、员工考勤管理、员工社保医保管理、员工专项扣除管理等。本章练习中大家一定要理顺表与表间的关系，对于工资薪金数据的准确性要给予高度重视，以确保相关数据的准确性。此外，要掌握国家相关政策文件的修改更新，在执行过程中杜绝因文件理解不透而出现的失误。在练习前，根据工作任务单中的练习文件栏，扫码下载并打开练习文件进行操作。前面章节介绍过的内容或能自行利用所学知识解决的项目，请自行查阅或处理，这里不再重复描述。

1. 福利补贴管理表

单元格位置	项目名称	函数及注释
E3	住房补贴	=IF（C3=“女”，300，200） 注意：“交通补贴”“伙食补贴”及奖惩管理表中的“绩效金额”都是在此基础上层级递进的。
F3	交通补贴	=IF（D3=“销售部”，300，IF（OR（D3=“仓储配送部”，D3=“后勤保洁”），200，100））

单元格位置	项目名称	函数及注释
G3	伙食补贴	=IF（OR（D3=“基本生产工人”，D3=“辅助生产工人”），350，IF（OR（D3=“司机保安”，D3=“后勤保洁”），300，IF（OR（D3=“销售部”，D3=“仓储配送部”），250，200）））

2. 奖惩管理表

单元格位置	项目名称	函数及注释
E3	绩效金额	=IF（D3=“A”，（职员档案！ J3+职员档案！ K3）*0.1，IF（D3=“B”，（职员档案！ J3+职员档案！ K3）*0.08，IF（D3=“C”，（职员档案！ J3+职员档案！ K3）*0.05，IF（D3=“D”，（职员档案！ J3+职员档案！ K3）*0.03，0））））

3. 工资统计表

单元格位置	项目名称	函数及注释
G3	绩效及奖励	=VLOOKUP（A3，奖惩管理表！ $A：$E，5）+VLOOKUP（A3，奖惩管理表！ $A：$F，6） 说明：绩效和奖励 2 个内容。
H3	加班费	=VLOOKUP（A3，加班统计表！ A：I，MATCH（$H$2，加班统计表！ $A$2：$I$2，0）） 注意：这里使用了 MATCH 函数。
M3	代扣代缴个税	=W3 注意：理论与实际中的区别和联系。
T3	应纳税所得额	=IF（（L3-S3-5000）>0，（L3-S3-5000），0） 说明：5000 是个税起征点金额。
U3	税率	=IF（T3=0，0，IF（AND（T3>0，T3<=36000），0.03，IF（AND（T3>36000，T3<=144000），0.1，IF（AND（T3>144000，T3<=300000），0.2，IF（AND（T3>300000，T3<=420000），0.25，IF（AND（T3>420000，T3<=660000），0.3，IF（AND（T3>660000，T3<=960000），0.35，IF（T3>960000，0.45））））））））
V3	速算扣除数	=MAX（IF（U3={0，0.03，0.1，0.2，0.25，0.3，0.35，0.45}，{0，0，2520，16920，31920，52920，85920，181920}，0），0）

八、任务资源（工资薪金管理）

（PPT 课件）

（效果文件）

学习任务 7　往来账款管理与分析

一、学习任务描述

往来账款一般包括应收账款、应付账款、预收账款、预付账款、其他应收款、其他应付款。往来账款是企业在生产经营过程中因发生供销产品、提供或接受劳务而形成的债权、债务关系。其中，应收与应付账款都是由信用政策而产生的。对于企业产生的每笔应收账款可以建立 Excel 表格来统一管理，并利用函数或相关统计分析工具进行统计分析，准确记录往来账金额，加强账龄分析，尽量规避发生坏账，保障企业的资金链正常运转，从而做出正确的财务决策。那么，这些工作落到实处，应该如何具体操作呢？

本章将以应收账款为例，介绍和讲解运用 Excel 管理往来账款的具体方法，并分享其中的管理思路。关于应付账款的管理，完全可以参考或套用应收账款的管理思路与工作表格。

二、实践目标

1. 厘清应收账款、应付账款管理思路。
2. 掌握创建应收账款、应付账款账龄分析的方法。
3. 掌握动态分析图表的制作方法。
4. 将所学理论知识和操作技能综合运用于工作实践，提升自己的动手能力。

三、工作任务单

表 7–1　工作任务单

学习任务名称	往来账款管理与分析	学时	____学时
任务描述	根据公司的实际情况，给往来账款管理与分析文档设定函数或编辑公式，帮助财务人员轻松、高效地完成账款核算任务。 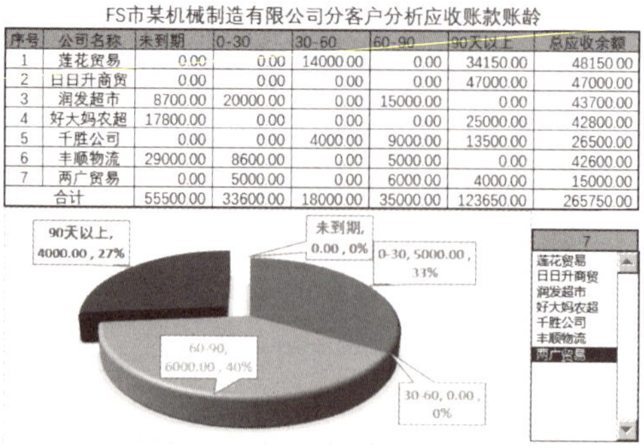		

FS市某机械制造有限公司分客户分析应收账款账龄

序号	公司名称	未到期	0-30	30-60	60-90	90天以上	总应收余额
1	莲花贸易	0.00	0.00	14000.00	0.00	34150.00	48150.00
2	日日升商贸	0.00	0.00	0.00	0.00	47000.00	47000.00
3	润发超市	8700.00	20000.00	0.00	15000.00	0.00	43700.00
4	好大妈农超	17800.00	0.00	0.00	0.00	25000.00	42800.00
5	千胜公司	0.00	0.00	4000.00	9000.00	13500.00	26500.00
6	丰顺物流	29000.00	8600.00	0.00	5000.00	0.00	42600.00
7	两广贸易	0.00	5000.00	0.00	6000.00	4000.00	15000.00
合计		55500.00	33600.00	18000.00	35000.00	123650.00	265750.00

续表

<table>
<tr><th>学习任务名称</th><th colspan="4">往来账款管理与分析</th><th>学时</th><th>____学时</th></tr>
<tr><td>典型工作过程描述</td><td colspan="6">1. 收集数据—2. 建立工作表—3. 编辑函数或公式—4. 插入使用图表—5. 效果验证</td></tr>
<tr><td>学习目标</td><td colspan="6">1. 知识、技能
（1）熟知应收账款、应付账款管理思路。
（2）掌握 Excel 中创建往来账款情况记录表的操作方法。
（3）掌握 Excel 函数 IF 的嵌套方法和 SUMIF、OFFSET 使用方法。
（4）掌握利用动态图表实现对往来账款的分析。
2. 提高职业核心能力
（1）提高学生查阅学习资料的能力。
（2）提高学生的文字和语言能力。
（3）提高学生的动手操作能力。
（4）树立职业道德和依法依规工作的意识。
3. 培养良好的职业素养
通过保持活学活用、熟能生巧的良好心态，学会正确使用 Excel 编辑出所需要的文档，同时保持桌面整洁，座椅周围无垃圾杂物，离开机房时物归原处等，逐渐培养良好的基本职业素养。</td></tr>
<tr><td rowspan="2">学时安排</td><td>准备</td><td>计划</td><td>决策</td><td>实施</td><td>检查</td><td>评价</td></tr>
<tr><td>___学时</td><td>___学时</td><td>___学时</td><td>___学时</td><td>___学时</td><td>___学时</td></tr>
<tr><td>对学生的要求</td><td colspan="6">（1）收集数据：包括所需项目数据的来源和表间顺序的排列设定。首先，要查看用户需求，详细了解任务内容。其次，对应收、应付款项数据项目的来源进行落实，并设计所需工作表的名称。最后，学会运用所学知识遴选出需要使用的函数或需要编辑的公式。
（2）建立工作表：根据步骤 1 在 Excel 往来账款管理与分析文档对应工作表单元格项目进行名称设定，并编排好各项目的顺序，特别是注意时间节点。
（3）编辑函数或公式：根据步骤 2 在 Excel 往来账款管理与分析文档各个工作表中对应的项目输入相关函数或公式，达成所要的结果。
（4）插入使用图表：图表的插入在前面任务已有介绍，本任务的重点在于控件的使用，以求达到动态图表的效果。
（5）效果验证：根据步骤 2、3、4 完成的情况，查验效果是否达到要求，是否能让决策者读懂并满意。</td></tr>
<tr><td>练习文件</td><td colspan="6"></td></tr>
</table>

四、任务分组

表 7–2　学生任务分配表

<table>
<tr><th>学习任务名称</th><th colspan="3">往来账款管理与分析</th><th>学时</th><th>____学时</th></tr>
<tr><td>班级</td><td colspan="2"></td><td>组名</td><td colspan="2"></td></tr>
<tr><td>组长</td><td></td><td>学号</td><td></td><td>指导老师</td><td></td></tr>
</table>

续表

学习任务名称	往来账款管理与分析			学时	____学时
组员	姓名	学号	姓名	学号	姓名	学号
	姓名	学号	姓名	学号	姓名	学号
	姓名	学号	姓名	学号	姓名	学号

任务分工：

五、任务工作环节

任务工作环节包括：收集数据、建立工作表、编辑函数或公式、插入使用图表、效果验证 5 个方面，教学和学习的方式及流程有准备、计划、决策、实施、检查、评价共 6 个环节。

1. 工作准备

阅读和理解工作任务，收集用户的具体要求，了解用户的操作环境，结合任务分析在实施中的难点和常见的问题。

2. 工作计划

针对往来账款管理与分析文档编辑过程中所使用的图表项目、过程中所用到的技巧、最终结果制定工作计划。

引导问题 1： 观看（搜索）任务相关视频。

思考学习： 分析制作往来账款管理与分析图表有哪些选择项目。

引导问题 2： 学生分组讨论，根据任务工作环节说出工作过程如何实施，实施过程中的难点与解决方法有哪些。（请根据讨论结果，在下表中填写内容）

序号	难点	解决方法

引导问题 3： 制定工作计划和实施方案步骤。

序号	步骤名称	工作要点

3. 工作决策

在小组内讨论每个同学的方法和步骤，分析优劣，综合每位同学的意见，确定小组的最终实施方案。

小组决策 □ 个人决策 □	决策意见：（从收集数据、建立工作表、编辑函数或公式、插入使用图表、效果验证等方面考虑）
	任务流程：
	注意事项：

4. 工作实施

引导问题 4： 编辑往来账款管理与分析文档，用自己的语言把所使用的数据处理项目的作用和效果描述出来。

序号	处理数据项目	作用	效果

引导问题 5： 对应处理数据项目设置时，要注意的事项有哪些？

序号	处理数据项目	项目设置要求	注意事项

5. 工作检查

表 7–3　检查单

任务	完成情况记录			
任务是否按计划时间完成				
相关理论完成情况				
技能操作熟练程度				
任务完成情况				
任务创新情况				
文档上交情况				
检查评价	班级		组别	
	小组成员		组长签名	
	评语：			

6. 工作评价

各组代表展示成果，介绍任务的完成过程。成果展示前就阐述材料完成评价考核表 7–4，综合等级评价档次统一采用 A【优秀 90（含）~100 分】、B【良好 75（含）~90 分】、C【合格 60（含）~75 分】、D【努力 60 分以下】。

表 7–4　评价考核表

项目名称	评价内容	分值	评价等级		
			自评	互评	师评
职业素养考核项目（40%）	穿戴规范、整洁，仪容仪表符合要求	5 分			
	安全意识、责任意识、服从意识、纪律意识	10 分			
	积极参加教学活动，按时完成学生工作活页	15 分			
	团队合作、沟通交流	10 分			
专业能力考核项目（60%）	专业知识查找及时、准确	5 分			
	操作符合规范	5 分			
	引导问题、表单填写	10 分			
	操作熟练度、工作效率	15 分			
	掌握关键操作要领	15 分			
	成果质量、展示汇报	10 分			
总分					
总评	自评（20%）+ 互评（30%）+ 师评（50%）=	综合等级	教师（签名）：		

7. 任务总结报告

班　　级		组　　别	
小组成员			
记　　录		时　　间	
总结报告	要点：请分段阐述个人对任务理解、准备内容收集、计划与决策讨论、任务实施体会、考核评价意见等方面的完成情况。		
批阅记录	教师签名：　　日期：		

六、关于往来账款管理与分析的相关知识点

（一）在 Excel 中往来账款管理与分析的设计思路

- 往来账款管理与分析的结构梳理（仅供参考）
  - 应收账款
    - 应收账款记录表
      - 创建表单并输入数据
      - 利用函数统计应收账款
      - 统计分析应收账款
    - 分客户分析应收账款账龄
      - 利用SUMIF函数统计分客户应收账款情况
      - 建立图表并进行对比分析
  - 应付账款
    - 应付账款记录表
      - 创建表单并输入数据
      - 利用函数统计应付账款
      - 判断应付账款逾期状态
    - 各往来单位应付账款统计
      - 利用SUMIF函数统计往来单位应付账款情况
      - 建立图表并进行逾期款项对比分析

（二）各工作表中公式和函数的应用

1. 应收账款记录工作表

公司日常运作中产生的每一笔应收账款都需要记录，在 Excel 中可以建立应收账款记录表管理应收账款，方便数据的计算，同时也便于后期对应收账款账龄的分析等。

是否到期：=IF（（C4+H4）<$C$2，“是”，“否”）

未到期金额：=IF（$C$2-（C4+H4）<0，D4-E4-F4，0）

0-30：=IF（AND（$C$2-（C4+H4）>0，$C$2-（C4+H4）<=30），D4-E4-F4，0）

30-60：=IF（AND（$C$2-（C4+H4）>30，$C$2-（C4+H4）<=60），D4-E4-F4，0）

60-90：=IF（AND（$C$2-（C4+H4）>60，$C$2-（C4+H4）<=90），D4-E4-F4，0）

90天以上：=IF（$C$2-（C4+H4）>90，D4-E4-F4，0）

2. 分客户分析应收账款账龄工作表

统计出各客户未到期及各个账龄的金额，可以让财务人员清楚地了解哪些客户是公司的重点债务追收对象。

未到期：=SUMIF（应收账款记录表！$B$4：$B$24，$B3，应收账款记录表！K$4：K$24）

0-30：=SUMIF（应收账款记录表！$B$4：$B$24，$B3，应收账款记录表！L$4：L$24）

30-60：=SUMIF（应收账款记录表！$B$4：$B$24，$B3，应收账款记录表！M$4：M$24）

60-90：=SUMIF（应收账款记录表！$B$4：$B$24，$B3，应收账款记录表！N$4：N$24）

90天以上：=SUMIF（应收账款记录表！$B$4：$B$24，$B3，应收账款记录表！O$4：O$24）

3. 应付账款记录工作表

各项应付账款的发票日期、发票金额、已付金额、结账期等基本信息需要手工填入工作表中，再通过设置公式返回到期日期、逾期天数、已逾期余额等数据。

到期日期：=C4+H4

状态：=IF（F4=E4，"已冲销√"，IF（$C$2>I4，"已逾期"，"未到结账期"））

逾期天数：=IF（J4="已逾期"，$C$2-I4,""）

已逾期余额：=IF（E4="",""，IF（J4="未到结账期"，0，E4-F4））

4. 各往来单位应付账款统计工作表

根据建立完成的应付账款记录表，可以利用公式计算往来单位应付账款的金额及已逾期应付金额占比情况。

应付金额：=SUMIF（应付账款记录表！$B$4：$B$50，A3，应付账款记录表！$E$4：$E$21）

已付金额：=SUMIF（应付账款记录表！$B$4：$B$50，A3，应付账款记录表！$F$4：$F$21）

已逾期应付金额：=SUMIF（应付账款记录表！$B$4：$B$50，A3，应付账款记录表！$L$4：$L$21）

已逾期应付金额占比：=D3/$D$13

（三）动态分析图表的制作

在日常工作中，经常用到的图表是静态图表，即数据一旦确定，图表的数据系列组合也就随之固定，如果要改变图表数据，就只能添加或删除数据。但是在实际工作中，会经常需要分析多数据和多维度的财务数据，此时就需要使用动态图表。与普通的静态图表相比，其能够更为丰富和灵活地展示数据系列组合。往来账款管理与分析任务就很好展现了动态图表的功能。

具体操作：

（1）切换到“分客户分析应收账款账龄”工作表→按“样图”在 H12 单元格填充蓝色→选择 B2：G3 单元格区域→点击“插入”选项卡→“图表”组→“饼图”按钮，三维饼图→去掉“图表标题、图例”→设置“数据标签”→完成“莲花贸易”的图表制作，如图 7–1 所示。

（2）点击“开发工具”选项卡→“控件”组→点击“插入”按钮→选择“列表框”→在 H12 单元格下方拖动出一个控件框→鼠标在控件框内单击右键→设置控件格式→“设置控件格式”对话框→数据源区域：$B$3：$B$9，单元格链接：H12→“确定”→H12 单元格下方控件框出现多个公司名称（点击单个公司名称，对应 H12 单元格会显示排序数字），如图 7–2 所示。

（3）点击“公式”选项卡→“定义的名称”组→点击“定义名称”按钮→“新建名称”对话框→名称：数据源（中英文均可，名称可自定）→引用位置：=OFFSET（分客户分析应收账款账龄！$B$2，分客户分析应收账款账龄！$H$12，1，1，5）→“确定”，如图 7–3 所示。

（4）点击图表中的图形→“编辑栏”显示：=SERIES（分客户分析应收账款账龄！$B$3，分客户分析应收账款账龄！$C$2：$G$2，分客户分析应收账款账龄！$C$3：$G$3，1）→更改公式最后的单元格区域 $C$3：$G$3 为“数据源”，回车→点击控件框的某个公司名称，图表随之变化→完善各公司的图表内容，如图 7–4 所示。

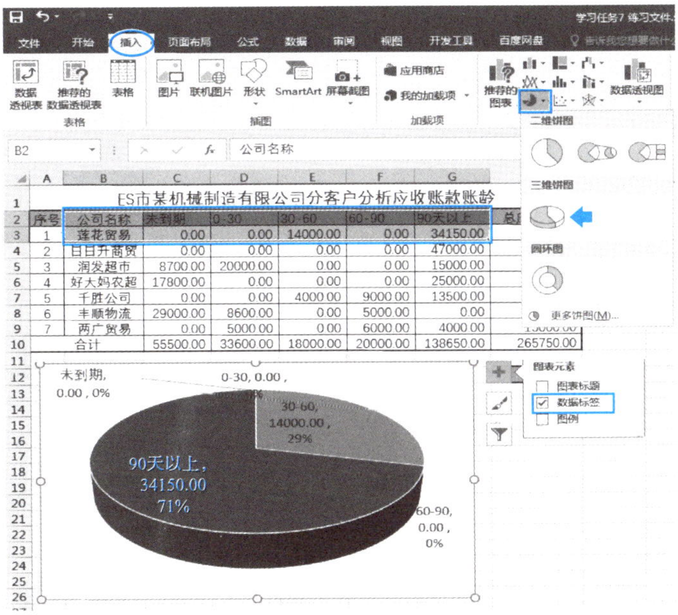

图 7–1 饼图制作

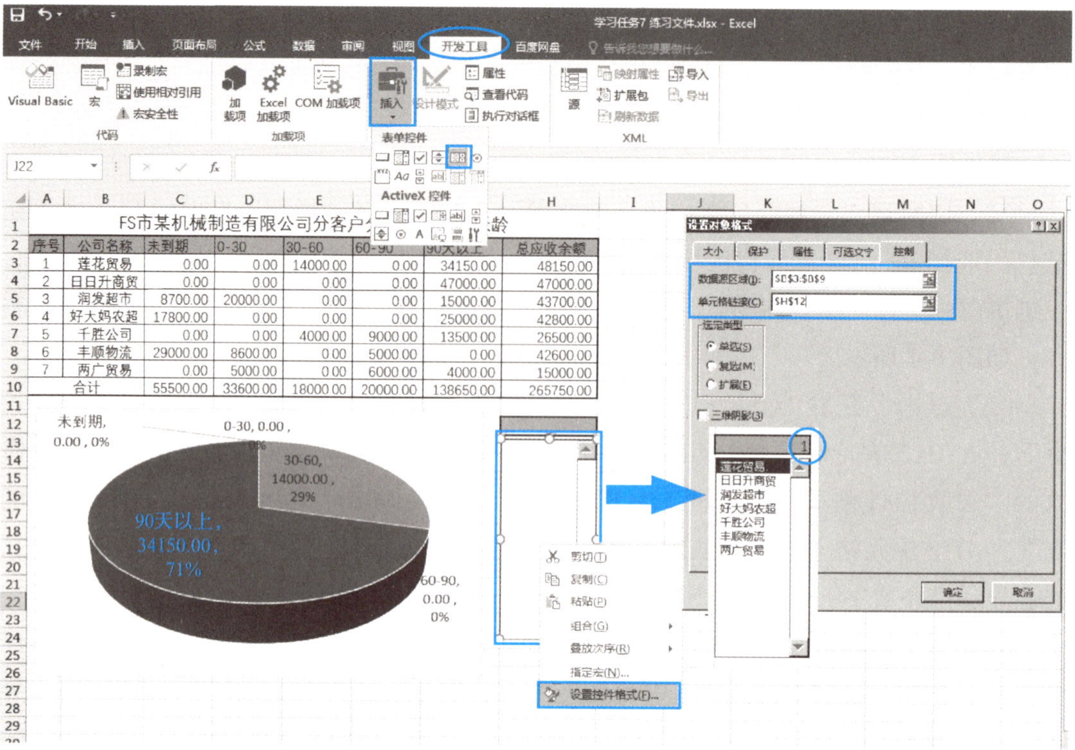

图 7–2　控件的制作

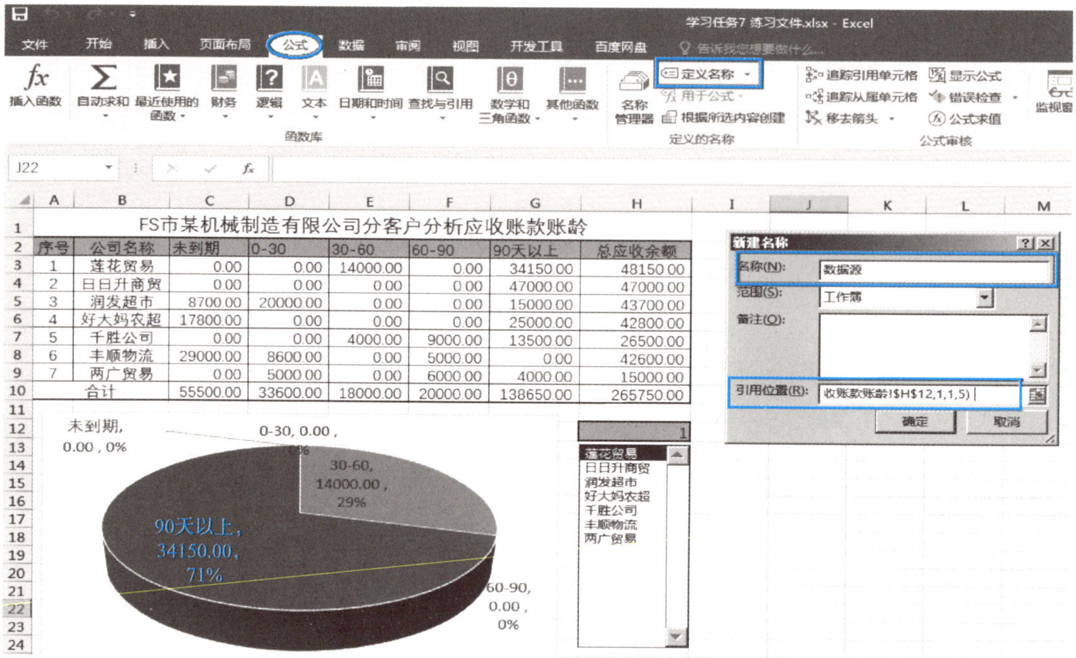

图 7–3　定义名称的设置

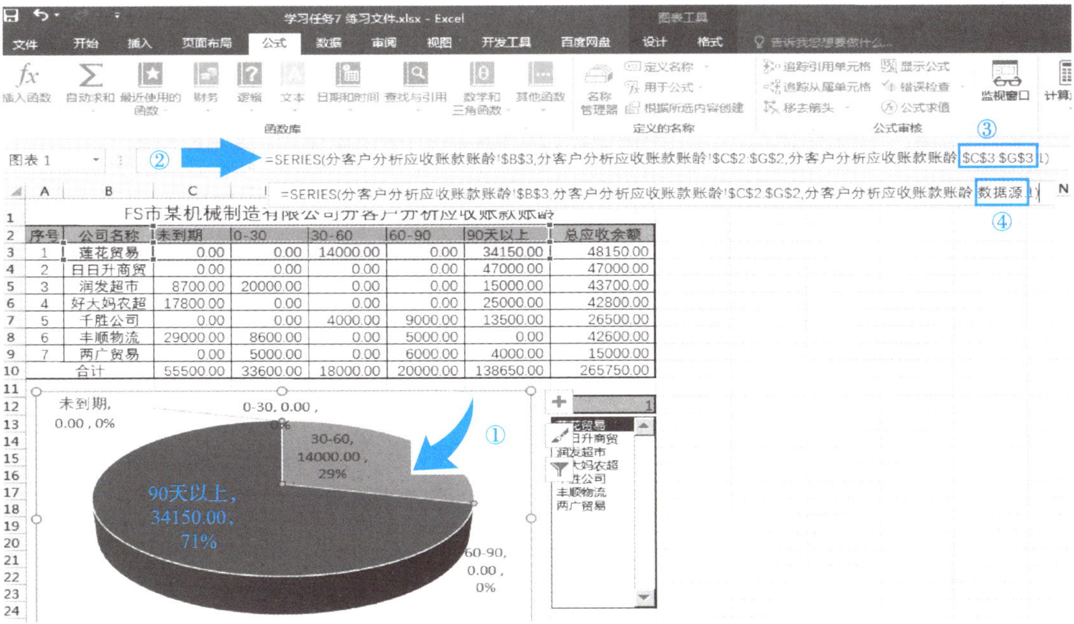

图 7-4　动态图的设置

七、本章节各练习题目的具体操作（公式）详解

往来账款的产生，可以扩大企业的产品销量，提高企业的竞争力，但同时也会增加管理往来账款的直接成本和间接成本。本练习就是要让大家学会建立一个初级模型去管理往来账款，使企业在运行过程中避免财务危机、维护企业信誉。

在练习前，根据工作任务单中的练习文件栏，扫码下载并打开练习文件进行操作。因为本练习的操作过程基本都在“六、关于往来账款管理与分析的相关知识点”中介绍，在此就不再讲授，但要提醒的是，这一练习中有一个重点：动态分析图表的制作。动态分析图表的功能：可以更加生动形象地展示数据趋势和变化。

八、任务资源（往来账款管理与分析）

（PPT 课件）　　（效果文件）

学习任务 8　财务报表指标计算与分析

一、学习任务描述

财务分析的核心是利用企业的财务报表数据，采用各种分析模型进行财务指标分析。财务指标是指企业总结和评价财务状况和经营成果的相对指标。财务报表则是反映企业或预算单位一定时期资金 、利润状况的会计报表。实际工作中，公司常用反映企业“能力”的四大财务指标进行分析与评价。四大财务指标包括偿债能力指标、营运能力指标、盈利能力指标和发展能力指标。我国财务报表的种类、格式、编报要求，均有统一的会计制度规定，很多公司使用的财务核算处理软件都包含了财务报表模块，因此，数据调取不是问题。本任务是讲解财务报表指标的概念、含义、计算公式，介绍运用 Excel 制作表格高效计算指标数据的方法，为决策者提供决策信息。

二、实践目标

1. 掌握分析企业“能力”的四大财务指标的含义及计算公式。
2. 掌握运用 Excel 计算各项财务指标的方法。
3. 掌握运用“审核公式”查看公式内容。
4. 将所学理论知识和操作技能综合运用于工作实践，提升自己的动手能力。

三、工作任务单

表 8–1　工作任务单

学习任务名称	财务报表指标计算与分析	学时	___学时
任务描述	根据公司的实际情况和财务报表指标计算与分析文档给出的数据，对资产负债表和利润表进行编制与分析，并设定函数或编辑公式，帮助财务人员轻松、高效地完成资产核算任务。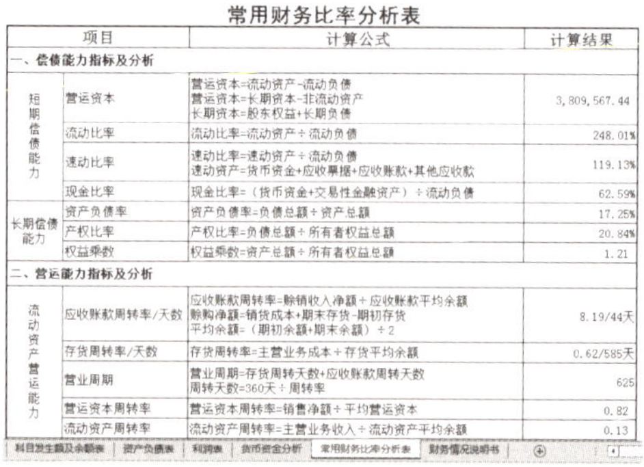		

常用财务比率分析表

项目		计算公式	计算结果
一、偿债能力指标及分析			
短期偿债能力	营运资本	营运资本=流动资产-流动负债 营运资本=长期资本-非流动资产 长期资本=股东权益+长期负债	3,809,567.44
	流动比率	流动比率=流动资产÷流动负债	248.01%
	速动比率	速动比率=速动资产÷流动负债 速动资产=货币资金+应收票据+应收账款+其他应收款	119.13%
	现金比率	现金比率=（货币资金+交易性金融资产）÷流动负债	62.59%
长期偿债能力	资产负债率	资产负债率=负债总额÷资产总额	17.25%
	产权比率	产权比率=负债总额÷所有者权益总额	20.84%
	权益乘数	权益乘数=资产总额÷所有者权益总额	1.21
二、营运能力指标及分析			
流动资产营运能力	应收账款周转率/天数	应收账款周转率=赊销收入净额÷应收账款平均余额 赊购净额=销货成本+期末存货-期初存货 平均余额=（期初余额+期末余额）÷2	8.19/44天
	存货周转率/天数	存货周转率=主营业务成本÷存货平均余额	0.62/585天
	营业周期	营业周期=存货周转天数+应收账款周转天数 周转天数=360天÷周转率	625
	营运资本周转率	营运资本周转率=销售净额÷平均营运资本	0.82
	流动资产周转率	流动资产周转率=主营业务收入÷流动资产平均余额	0.13

续表

<table>
<tr><th>学习任务名称</th><th colspan="3">财务报表指标计算与分析</th><th colspan="2">学时</th><th>___学时</th></tr>
<tr><td>典型工作过程描述</td><td colspan="6">1. 收集数据—2. 建立工作表—3. 编辑函数或公式—4. 制作财务情况说明书</td></tr>
<tr><td>学习目标</td><td colspan="6">1. 知识、技能
（1）掌握分析企业“能力”的四大财务指标的含义及计算公式。
（2）掌握运用 Excel 计算各项财务指标的方法。
（3）掌握运用“审核公式”查看公式内容。
2. 提高职业核心能力
（1）提高学生查阅学习资料的能力。
（2）提高学生的文字和语言能力。
（3）提高学生的动手操作能力。
（4）树立职业道德和依法依规工作的意识。
3. 培养良好的职业素养
通过保持活学活用、熟能生巧的良好心态，学会正确使用 Excel 编辑出所需要的文档，同时保持桌面整洁、座椅周围无垃圾杂物、离开机房时物归原处等，逐渐培养良好的基本职业素养。</td></tr>
<tr><td rowspan="2">学时安排</td><td>准备</td><td>计划</td><td>决策</td><td>实施</td><td>检查</td><td>评价</td></tr>
<tr><td>___学时</td><td>___学时</td><td>___学时</td><td>___学时</td><td>___学时</td><td>___学时</td></tr>
<tr><td>对学生的要求</td><td colspan="6">（1）收集数据：包括所需科目汇总表、资产负债表、利润表等数据。
（2）建立工作表：首先，要查看用户需求，详细了解需要列示的财务指标项目。其次，对财务指标项目进行分类排序，并设计所需表格的效果。
（3）编辑函数或公式：根据步骤 2 在 Excel 财务报表指标计算与分析文档学会运用所学知识遴选出需要使用的函数或需要编辑的公式。各个函数或公式须达成所要的结果。
（4）制作财务情况说明书：根据步骤 2、3 完成的情况，制作财务情况说明书，供决策者使用。</td></tr>
<tr><td>练习文件</td><td colspan="6"></td></tr>
</table>

四、任务分组

表 8–2　学生任务分配表

<table>
<tr><th>学习任务名称</th><th colspan="4">财务报表指标计算与分析</th><th>学时</th><th>___学时</th></tr>
<tr><td>班级</td><td colspan="3"></td><td>组名</td><td colspan="2"></td></tr>
<tr><td>组长</td><td colspan="2"></td><td>学号</td><td></td><td>指导老师</td><td></td></tr>
<tr><td rowspan="6">组员</td><td>姓名</td><td>学号</td><td>姓名</td><td>学号</td><td>姓名</td><td>学号</td></tr>
<tr><td></td><td></td><td></td><td></td><td></td><td></td></tr>
<tr><td>姓名</td><td>学号</td><td>姓名</td><td>学号</td><td>姓名</td><td>学号</td></tr>
<tr><td></td><td></td><td></td><td></td><td></td><td></td></tr>
<tr><td>姓名</td><td>学号</td><td>姓名</td><td>学号</td><td>姓名</td><td>学号</td></tr>
<tr><td></td><td></td><td></td><td></td><td></td><td></td></tr>
<tr><td colspan="7">任务分工：</td></tr>
</table>

五、任务工作环节

任务工作环节包括：收集数据、建立工作表、编辑函数或公式、制作财务情况说明书 4 个方面，教学和学习的方式及流程有准备、计划、决策、实施、检查、评价共 6 个环节。

1. 工作准备

阅读和理解工作任务，收集用户的具体要求，了解用户的操作环境，结合任务分析在实施中的难点和常见的问题。

2. 工作计划

针对“财务报表指标计算与分析”文档编辑过程中所使用的图表项目、过程中所用到的技巧、最终结果制定工作计划。

引导问题 1： 观看（搜索）任务相关视频。

思考学习： 分析制作财务报表指标计算与分析图表有哪些选择项目。

引导问题 2： 学生分组讨论，根据任务工作环节说出工作过程如何实施，实施过程中的难点与解决方法有哪些。（请根据讨论结果，在下表中填写内容）

序号	难点	解决方法

引导问题 3： 制定工作计划和实施方案步骤。

序号	步骤名称	工作要点

3. 工作决策

在小组内讨论每个同学的方法和步骤，分析优劣，综合每位同学的意见，确定小组的最终实施方案。

小组决策 □ 个人决策 □	决策意见：（从收集数据、建立工作表、编辑函数或公式、制作财务情况说明书等方面考虑）
	任务流程：
	注意事项：

4. 工作实施

引导问题 4： 编辑“财务报表指标计算与分析”文档，用自己的语言把所使用的数据处理项目的作用和效果描述出来。

序号	处理数据项目	作用	效果

引导问题 5： 对应处理数据项目设置时，要注意的事项有哪些？

序号	处理数据项目	项目设置要求	注意事项

5. 工作检查

表 8–3 检查单

<table>
<tr><th>任务</th><th colspan="4">完成情况记录</th></tr>
<tr><td>任务是否按计划时间完成</td><td colspan="4"></td></tr>
<tr><td>相关理论完成情况</td><td colspan="4"></td></tr>
<tr><td>技能操作熟练程度</td><td colspan="4"></td></tr>
<tr><td>任务完成情况</td><td colspan="4"></td></tr>
<tr><td>任务创新情况</td><td colspan="4"></td></tr>
<tr><td>文档上交情况</td><td colspan="4"></td></tr>
<tr><td rowspan="3">检查评价</td><td>班级</td><td></td><td>组别</td><td></td></tr>
<tr><td>小组成员</td><td></td><td>组长签名</td><td></td></tr>
<tr><td colspan="4">评语：</td></tr>
</table>

6. 工作评价

各组代表展示成果，介绍任务的完成过程。成果展示前就阐述材料完成评价考核表 8–4，综合等级评价档次统一采用 A【优秀 90（含）~100 分】、B【良好 75（含）~90 分】、C【合格 60（含）~75 分】、D【努力 60 分以下】。

表 8–4　评价考核表

<table>
<tr><th rowspan="2">项目名称</th><th rowspan="2">评价内容</th><th rowspan="2">分值</th><th colspan="3">评价等级</th></tr>
<tr><th>自评</th><th>互评</th><th>师评</th></tr>
<tr><td rowspan="4">职业素养考核项目（40%）</td><td>穿戴规范、整洁，仪容仪表符合要求</td><td>5 分</td><td></td><td></td><td></td></tr>
<tr><td>安全意识、责任意识、服从意识、纪律意识</td><td>10 分</td><td></td><td></td><td></td></tr>
<tr><td>积极参加教学活动，按时完成学生工作活页</td><td>15 分</td><td></td><td></td><td></td></tr>
<tr><td>团队合作、沟通交流</td><td>10 分</td><td></td><td></td><td></td></tr>
<tr><td rowspan="6">专业能力考核项目（60%）</td><td>专业知识查找及时、准确</td><td>5 分</td><td></td><td></td><td></td></tr>
<tr><td>操作符合规范</td><td>5 分</td><td></td><td></td><td></td></tr>
<tr><td>引导问题、表单填写</td><td>10 分</td><td></td><td></td><td></td></tr>
<tr><td>操作熟练度、工作效率</td><td>15 分</td><td></td><td></td><td></td></tr>
<tr><td>掌握关键操作要领</td><td>15 分</td><td></td><td></td><td></td></tr>
<tr><td>成果质量、展示汇报</td><td>10 分</td><td></td><td></td><td></td></tr>
<tr><td colspan="6">总分</td></tr>
<tr><td rowspan="2">总评</td><td rowspan="2">自评（20%）+ 互评（30%）+ 师评（50%）</td><td>综合等级</td><td colspan="3" rowspan="2">教师（签名）：</td></tr>
<tr><td></td></tr>
</table>

7. 任务总结报告

<table>
<tr><td>班　　级</td><td></td><td>组　　别</td><td></td></tr>
<tr><td>小组成员</td><td colspan="3"></td></tr>
<tr><td>记　　录</td><td></td><td>时　　间</td><td></td></tr>
<tr><td>总结报告</td><td colspan="3">要点：请分段阐述个人对任务理解、准备内容收集、计划与决策讨论、任务实施体会、考核评价意见等方面的完成情况。</td></tr>
<tr><td>批阅记录</td><td colspan="3">教师签名：　　　日期：</td></tr>
</table>

六、关于财务报表指标计算与分析的相关知识点

（一）在 Excel 中财务报表指标计算与分析的设计思路

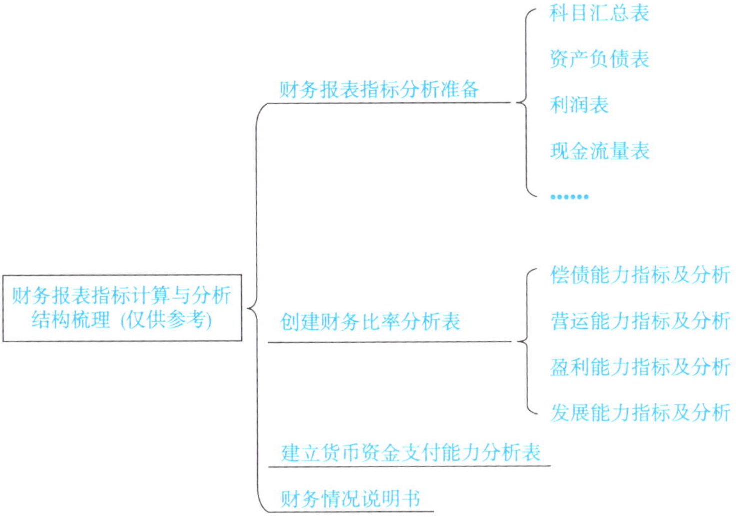

（二）各工作表中公式和函数的应用

1. 常用财务比率分析工作表

营运资本：= 资产负债表！ B18– 资产负债表！ E18

流动比率：= 资产负债表！ B18/ 资产负债表！ E18

速动比率：=（资产负债表！ B5+ 资产负债表！ B8+ 资产负债表！ B9+ 资产负债表！ B12）/ 资产负债表！ E18

现金比率：=（资产负债表！ B5+ 资产负债表！ B6）/ 资产负债表！ E18

资产负债率：= 资产负债表！ E31/ 资产负债表！ B44

产权比率：= 资产负债表！ E31/ 资产负债表！ E43

权益乘数：= 资产负债表！ B44/ 资产负债表！ E43

应收账款周转率 / 天数：=ROUND（科目发生额及余额表！ G105/ ((科目发生额及余额表！ C12+ 科目发生额及余额表！ K12）/2），2）&"/" &ROUND（360/（科目发生额及余额表！ G105/ ((科目发生额及余额表！ C12+ 科目发生额及余额表！ K12）/2)），0）&"天"

存货周转率 / 天数：=ROUND（科目发生额及余额表！ G110/ ((科目发生额及余额表！ C23+ 科目发生额及余额表！ C27+ 科目发生额及余额表！ C30+ 科目发生额及余额表！ C95+ 科目发生额及余额表！ K23+ 科目发生额及余额表！ K27+ 科目发生额及余额表！ K30+ 科目发生额及余额表！ K95）/2)，2）&"/" &ROUND（360/（科目发生额及余额表！ G110/ ((科目发生额及余额表！ C23+ 科目发生额及余额表！ C27+ 科目发生额及余额表！ C30+ 科目发生额及余额表！ C95+ 科目发生额及余额表！ K23+ 科目发

生额及余额表！ K27+ 科目发生额及余额表！ K30+ 科目发生额及余额表！ K95）/2)),0）&“天”

营业周期：=INT（360/LEFT（D12，3）+360/LEFT（D13，4））

营运资本周转率：= 科目发生额及余额表！ H105/ 常用财务比率分析表！ D4

流动资产周转率：= 科目发生额及余额表！ H105/（资产负债表！ B18+ 资产负债表！ C18）/2

固定资产周转率：= 科目发生额及余额表！ H105/（资产负债表！ B27+ 资产负债表！ C27）/2

总资产周转率：= 科目发生额及余额表！ H105/（资产负债表！ B44+ 资产负债表！C44）/2

总资产收益率：= 利润表！ C27/((资产负债表！ B44+ 资产负债表！ C44）/2）

全面摊薄净资产收益率：= 利润表！ C27/（资产负债表！ B44– 资产负债表！ E31）

加权平均净资产收益率：= 利润表！ C27/((资产负债表！ B44+ 资产负债表！C44）/2–（资产负债表！ E31+ 资产负债表！ F31）/2）

流动资产收益率：= 利润表！ C27/((资产负债表！ B18+ 资产负债表！ C18）/2）

固定资产收益率：= 利润表！ C27/((资产负债表！ B38+ 资产负债表！ C38）/2）

资本扩张率：=ROUND((资产负债表！ E43– 资产负债表！ F43）/ 资产负债表！F43，2）

资产增长率：=ROUND((资产负债表！ B44– 资产负债表！ C44）/ 资产负债表！C44，2）

2. 货币资金支付分析工作表

可用于支付的资金合计：= 银行存款 + 库存现金 + 应收票据 + 应收账款 + 预付账款 + 其他应收款

近期支付款项合计：= 应付票据 + 应付账款 + 应交税费 + 应付股利 + 应付职工薪酬 + 其他应付款

不足数：=IF（B9>D9，0，B9–D9）

多余数：=IF（B9<D9，0，B9–D9）

近期支付款项平衡：=D9+D10

货币资金支付能力：=（B3+B4）/（D9–B5–B6），=IF（B12>1，“支付能力较强”，“支付能力不足”）

3. 财务情况说明书

财务情况说明书是财务会计决算报告的重要组成部分。各公司应依据《企业财务会计报告条例》(国务院令第 287 号）等有关规定，以财务指标和相关统计指标为主要依据，对报告期资产质量、财务状况、经营成果等情况进行分析说明，客观反映企业运营特点及发展趋势。本任务介绍的财务情况说明书只是一个简单框架，各项目内容取数均可参考前面任务完成，这里不作详细介绍。

（三）查看公式技巧

对于财务报表指标分析这部分基础知识薄弱的财务人员而言，记忆计算公式时容易混淆，从而导致在套用会计公式设置 Excel 函数公式时效率低下，无法达到高效完成工作的目标。针对上述问题，应用以下几个实用功能及操作技巧，可弥补细节之处的不足，帮助财务人员提高工作效率。

1. 查看公式：将公式转换为文本

本任务在计算财务报表指标数据时，同一张表格中设置了很多函数公式，并且公式皆不相同，而单元格中返回的是计算结果，是一个数字。如果财务人员需要查看这个数字结果的来龙去脉，就必须要查看公式内容，通常最基本的操作是依次选中各单元格，逐个查看，非常不方便，而且影响工作效率。如果将公式转换为文本格式，即可显示公式内容。

具体操作：选择要查看的公式的单元格或单元格区域（多个单元格区域，可按住“Ctrl”键选择）→按“Ctrl+F”组合键，打开“查找与替换”对话框→“查找内容（N）”输入“=”→“替换为（E）”输入“=”→单击“全部替换”按钮，公式转换成文本状态，如图 8-1 所示。

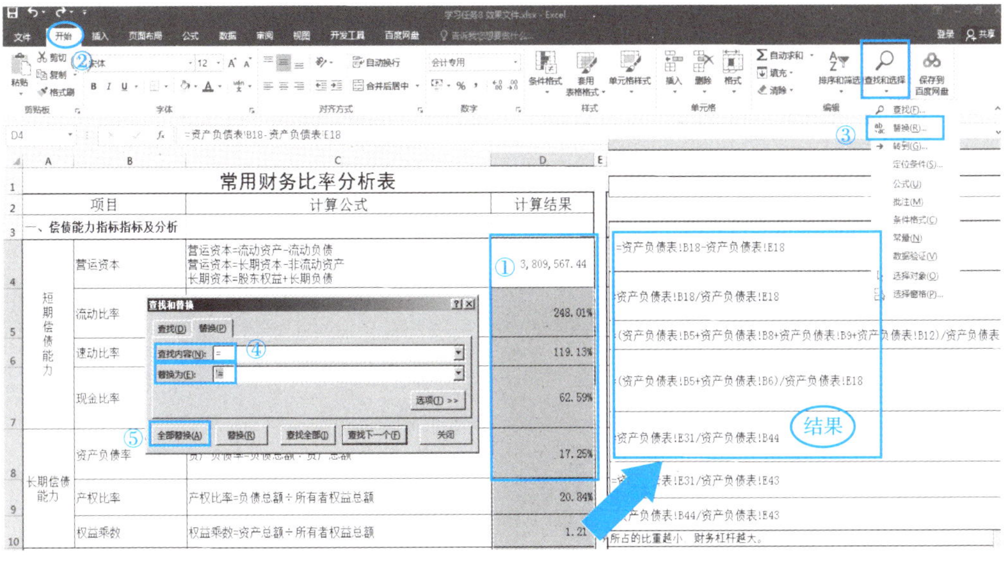

图 8-1　公式转换为文本

2. 审核公式：将数值还原为公式

查看公式还可以运用“公式审核”功能，将工作表中由公式计算得到的数值快速还原为公式，一键让所有公式一览无余，或者查看公式所引用的单元格，以便明确数值的来龙去脉。

具体操作：选择“公式”选项卡→单击“公式审核”→“显示公式”按钮，区域中的数值即变换为公式，如图 8-2 所示。

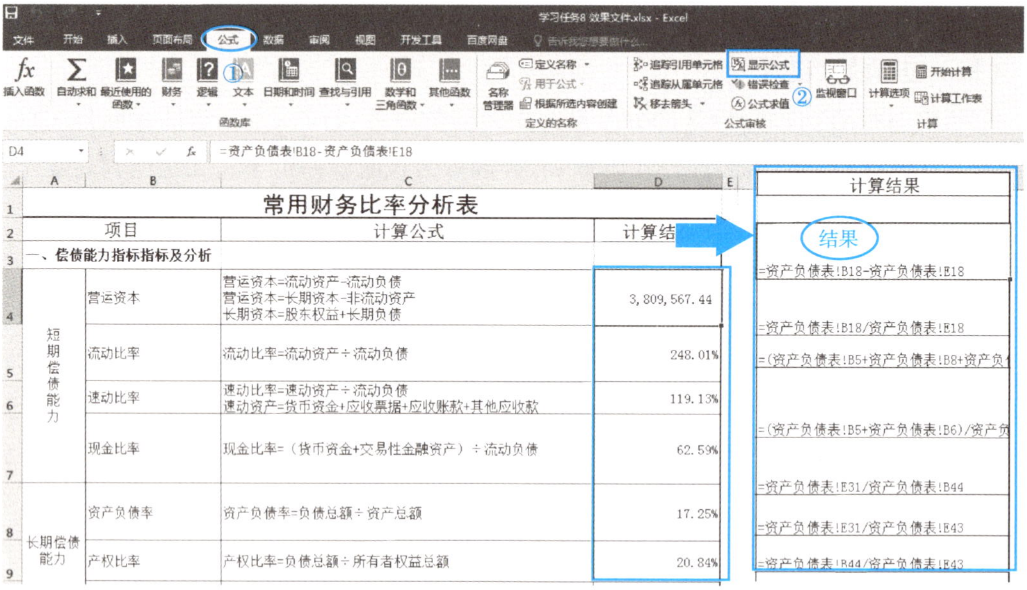

图 8–2　将数值还原为公式

3. 运用函数查看公式

“将公式转换为文本”和“将数值还原为公式”两种查看公式的方法均是直接在本单元格中进行设置操作，即显示公式内容时，就无法查看公式的计算结果，实际运用时仍然有一些不便，此时可运用 Formulatext 函数在增加一列辅助列中设置公式，将目标单元格中的公式转换为文本，即可实现公式与计算结果并存，既不影响计算结果，又可明确知晓公式内容。

具体操作：在需要显示公式的单元格旁，插入一列→在对应的空白单元格，设置公式“=FORMULATEXT（D4）”，回车→单元格就会显示公式，如图 8–3 所示。

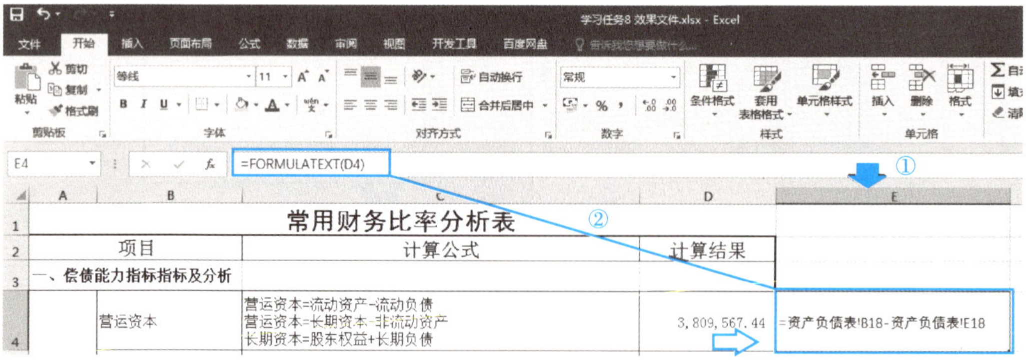

图 8–3　运用函数查看公式

七、本章节各练习题目的具体操作（公式）详解

使用 Excel 编制财务分析表，其优点是分析方法不限，分析指标不限，分析内容不限，大大提高其实用性。利用财务软件做好财务分析在企业改革与管理中起着重要的作

用，而报表分析是财务分析的重点。通过对会计报表进行分析，不仅能了解企业过去的经营状况，而且还能对企业的未来作出推测，以便报表的使用人从各自角度对企业的运作做出正确的评价。财务分析就是利用财务报表及有关资料，对企业的财务状况和经营成果进行分析与评价，以便帮助企业的决策者正确理解财务信息，分析企业的经营业绩，并对企业的发展前景做出客观的估计或找出存在的问题。

在练习前，根据工作任务单中的练习文件栏，扫码下载并打开练习文件进行操作。本练习难点在于理解每个指标的意义，其他方面相信大家有前面知识的铺垫，能较好地处理。

八、任务资源（财务报表指标计算与分析）

（PPT 课件）

（效果文件）

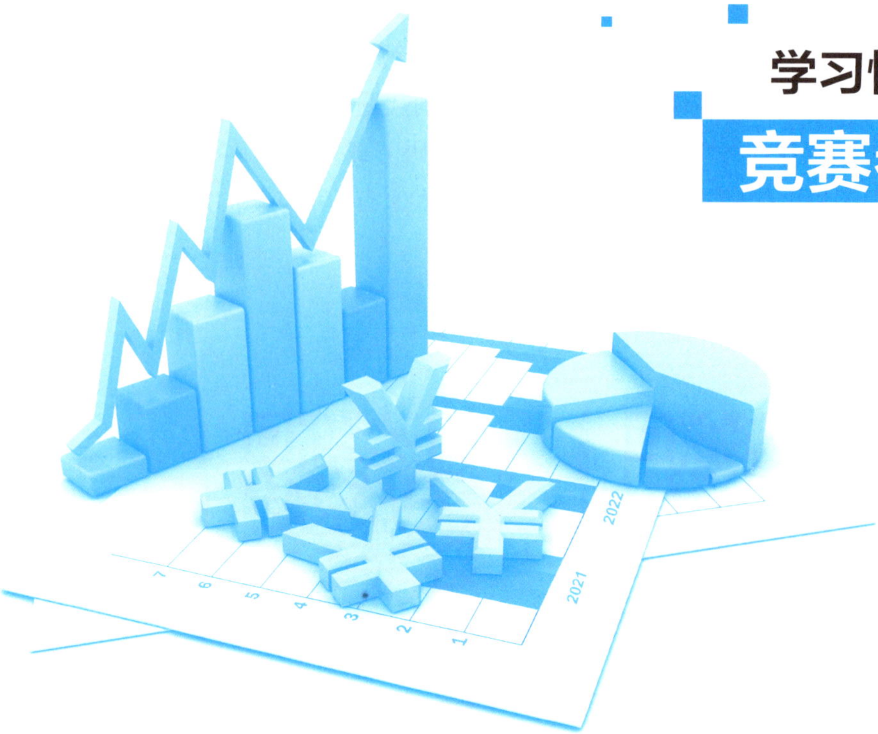

学习情境 3 竞赛参与

为充分发挥职业技能竞赛在促进技能人才培养、推动职业技能培训和弘扬工匠精神方面的重要作用，营造劳动光荣、技能宝贵、创造伟大的社会风气，更好服务就业创业和经济高质量发展。经国务院批准，从 2020 年起，我国每两年举办一届中华人民共和国职业技能大赛。技能大赛可以激发学生学习专业技能的兴趣，在学生中形成比学习、比技能的良好氛围，达到“以赛促学，以赛促教，以赛促改”的目的，同时也可以提高学生的技能水平，为学生实习和求职就业打下坚实的基础，培养学生的团队合作意识，激发学生学习知识的积极性。全国职业院校技能大赛搭建了产教融合的平台，让职业院校师生更直接地面向行业、面向产业，面向新的技术平台和新的内容创作平台。同时，全国职业院校技能大赛也是学生展示自我的平台。在这个平台上，学生的职业能力、职业精神将得到淋漓尽致的展现，也给我们的教学改革带来了源源不断的动力。

一、学习情境描述

“财务数据处理”赛项由翰智集团 | 广东翰智数字科技有限公司作为赛项官方技术支持单位，在赛项中全程提供技术支持，包括赛程筹备、软件试用、竞赛答疑、比赛设备调试、比赛现场支持等。“财务数据处理”赛项，主要考查参赛选手对数字化经济下的财务岗位数据处理能力的掌握程度，考核内容包括职工薪酬、社保公积金、个税、采

购汇总、销售收入汇总分析、业务成本分析、固定资产折旧、区域门店分析等模块，通过对企业业务环境中财务数据录入、财务数据整理、财务数据加工、财务数据分析等处理环节，完成对数据汇集、过程监控、结果反馈、决策更新等数据全流程处理，实现在大数据时代，发挥企业数据最大的价值。赛项内容对接新时代下财会岗位人才需求，推动教育改革，提升职业院校会计人才培养质量，以赛促教、以赛促学、以赛促改、以赛促建。

二、实践目标

1. 了解“财务数据处理”赛项的相关说明。
2. 掌握“财务数据处理”赛项比赛题型。
3. 理论联系实际，将所学理论知识和操作技能综合运用。
4. 将赛项知识应用于工作实践，提升自己的动手能力。

三、赛项的相关说明

（一）财务数据处理竞赛平台

财务数据处理竞赛平台是由翰智结合职业教育的特点与学校应用型人才培养模式，通过“理论知识”“职业素养”“实践技能”有机结合，从当下财务岗位技能要求出发，参照专业教学国家标准中对财务数据处理“能够从事小企业统计信息整理和申报工作”“能够用 Excel 对财务信息进行统计及信息化处理”及“拓展学生应用能力”的要求而自主研发的一款竞赛平台。

（二）竞赛知识与技能范围

1. 竞赛要求

熟练运用 Excel（2016 版本）处理财务数据录入、整理、加工和分析。借助竞赛系统完成以下内容。

财务数据录入：根据原始数据录入 Excel 中，包括：标题、文字、数量、金额（1~9 位）。

财务数据整理：根据原始数据录入的结果、题目给定的条件进行筛选、整理或排序等。

财务数据加工：根据数据筛选和整理的结果，以及题目给定条件设定公式对数据进一步加工、计算、引用或编辑图表。

财务数据分析：根据数据加工得出的结果或图表进行分析（不定项选择题）。

2. 项目内容

（1）职工工资结算表、工资结算汇总表、工资分配表。

（2）社会保险缴费计算表和住房公积金缴费计算表。

（3）个人所得税计算表。

（4）材料（商品）采购汇总表。

（5）固定资产折旧计算表（平均年限法、加速折旧法）。

（6）产品成本计算表（品种法）。

（7）商品销售收入汇总表。

（8）区域销售业绩统计，区域销售目标或成本目标达成率分析。

（9）各期收入、成本、利润分析。

（10）区域门店数与营业额相关性分析。

3. 评分标准及成绩评定

最终取数的结果正确，即可视为答案正确（按题目指定方法处理）。

成绩分布：

“财务数据处理”单项竞赛项目评分表

竞赛内容	分值比例（%）
1. 职工工资结算表、工资结算汇总表、工资分配表 2. 社会保险缴费计算表和住房公积金缴费计算表 3. 个人所得税计算表	40
材料（商品）采购汇总表	10
固定资产折旧计算表	10
产品成本计算表	10
商品销售收入汇总表	15
1. 区域销售业绩统计，区域销售目标或成本目标达成率分析 2. 各期收入、成本、利润分析 3. 区域门店数与营业额相关性分析	15
合计	100

注：由竞赛平台自动评分。

四、赛项的比赛题型

题型一　职工薪酬、社保、个人所得税计算

202X年度社会保险和住房公积金计算表

工号	部门	姓名	身份证	缴费基数	职工缴费额					企业缴费额					
					养老保险	医疗保险	失业保险	住房公积金	个人代扣合计	养老保险	医疗保险	失业保险	工伤保险	住房公积金	企业缴费合计
ZB0001	企业管理运营中心	焦春林	略	18000											
ZB0002	企业管理运营中心	姚磊	略	15000											
ZB0016	采购部	梁天	略	8000											
ZB0017	采购部	张万军	略	5000											
ZB0020	销售部	钱坤	略	12000											
ZB0021	销售部	叶润中	略	8000											
ZB0030	财务部	周群	略	15000											
ZB0031	财务部	孙盛国	略	6000											
ZB0035	仓储部	付玉芳	略	10000											
ZB0036	仓储部	张接义	略	5000											
ZB0038	生产车间	徐积福	略	5000											
ZB0039	生产车间	潘俊辉	略	5000											

任务提示 | 01社保和公积金计算表 | 02预扣预缴个人所得税 | 03工资结算表 | 04工资结构分析

202X年1月个人所得税计算表

继续教育	专项附加扣除小计	其他扣除				其他扣除小计	累计应发	累计减除费用	累计专项扣除	累计子女教育	累计赡养老人
		年金	商业健康保险	税延养老保险	其他						
0		0	0	0	0						
0		0	0	0	0						
0		0	0	0	0						
0		0	0	0	0						
0		0	0	0	0						
0		0	0	0	0						
400		0	0	0	0						
400		0	0	0	0						
0		0	0	0	0						
0		0	0	0	0						

任务提示 | 01社保和公积金计算表 | 02预扣预缴个人所得税 | 03工资结算表 | 04工资结构分析

202X年1月份工资结算表

个人信息				应发情况							代扣款项		
工号	部门	姓名	身份证	基本工资	岗位工资	绩效工资	加班工资	全勤奖	罚款及扣款	应付工资	养老保险	失业保险	医疗保险
ZB0001	企业管理运营中心	焦春林	略	15000	1500	500	0	300	0	17300			
ZB0002	企业管理运营中心	姚磊	略	13000	1300	500	400	300	0	15500			
ZB0016	采购部	梁天	略	8000	800	500	50	300	0	9650			
ZB0017	采购部	张万军	略	5000	500	500	0	300	0	6300			
ZB0020	销售部	钱坤	略	12000	1200	500	0	200	0	13900			
ZB0021	销售部	叶润中	略	8000	800	2000	0	200	0	11000			
ZB0030	财务部	周群	略	15000	1500	0	0	300	0	16800			
ZB0031	财务部	孙盛国	略	6000	600	0	0	300	0	6900			
ZB0035	仓储部	付玉芳	略	10000	1000	0	0	300	0	11300			
ZB0036	仓储部	张接义	略	4000	400	0	300	300	200	4800			
ZB0045	生产车间	刘贞	略	4500	450	3000	0	0	0	7950			
ZB0046	生产车间	余永俊	略	4500	450	3000	0	0	0	7950			

任务提示 | 01社保和公积金计算表 | 02预扣预缴个人所得税 | 03工资结算表 | 04工资结构分析

202X年1月工资结构分析表

序号	工资区间	收入类型	区间人数	备注
1	3000-4000	基层收入		⩾3000、＜4000
2	4000-5000	基层收入		
3	5000-6000	基层收入		
4	6000-7000	基层收入		
5	7000-8000	基层收入		
6	8000-9000	基层收入		
7	9000-10000	一般收入		
8	10000-11000	一般收入		
9	11000-12000	一般收入		
10	12000-13000	一般收入		
11	13000-14000	一般收入		
12	14000-15000	高收入		
13	15000-16000	高收入		
14	16000-17000	高收入		
15	>17000	高收入		
合计	—	—	—	—

请问各收入类型占公司总人数比例是多少？保留四位小数，以百分比形式列示，例如76.45%。

	占比
基层收入	
一般收入	
高收入	

任务提示 | 01社保和公积金计算表 | 02预扣预缴个人所得税 | 03工资结算表 | 04工资结构分析

题型一　文档

题型二　商品采购汇总表

二、商品采购汇总表

（一）请根据收料单G0201-G0240将购进货物汇总表H1录入完整，并计算出金额，保持表格按照进货单号升序排序，请勿删除原有行与列。

购进货物汇总表H1

单号	企业名称	名称	型号	交易日期	数量	单价	金额
G0201				2019年2月1日 星期五			
G0202				2019年2月1日 星期五			
G0203				2019年2月2日 星期六			
G0204				2019年2月2日 星期六			
G0205				2019年2月2日 星期六			
G0206				2019年2月3日 星期日			
G0207				2019年2月3日 星期日			

任务提示　01录入　02整理、加工

（二）请利用购进货物汇总表H1表格中的数据，将下列问题填写完整

编号	问题	答案	备注
1	购进货物汇总表H1整表合计金额是多少？		
2	本月购入的内存条DDR4 2400 16GB平均单价是多少？		
3	请依次填写下列各种型号设备对应的数量是多少？	——	
3.1	处理器i9-9900k（4.70GHz/16MB/8核）		
3.2	处理器i7-7700k（3.20GHz/8MB/4核）		
3.3	处理器i5-8600k（4.30GHz/9MB/4核）		
3.4	机械硬盘2T蓝盘WD2PZX		
3.5	机械硬盘1T普盘ST10DM010		
3.6	机械硬盘1T黑盘WD13FZEX		
3.7	显卡RX580-8G		
3.8	显卡RX550-2G		
3.9	显卡RTX2080TI		
3.10	显卡RTX1080TI		

任务提示　01录入　02整理、加工

题型二　文档

题型三　固定资产折旧计算表

三、固定资产折旧计算表

请勿在固定资产列表GZ1中新增行与列，根据固定资产标签与所学财务知识，将固定资产列表GZ1表格填写完整。

固定资产列表GZ1（2019年02月）

固定资产编号	卡片编号	固定资产名称	折旧方法	使用状况	使用部门	增加方式	类别名称	原值	币种	开始使用日期	预计使用年限(月)	净残值率	减值准备	残值	本月计提折旧额
01001	00001	精密加工厂房	平均年限法	在用	一车间/二车间	直接购入	房屋及建筑物		人民币	2015.6.18			0		
01002	00002	成品仓库	平均年限法	在用	仓储部	直接购入	房屋及建筑物		人民币	2014.6.18			0		
02001	00003	6T作业叉车	平均年限法	在用	一车间/二车间	直接购入	生产设备		人民币	2016.2.16			0		
02002	00004	M+生产线	平均年限法	在用	一车间	直接购入	生产设备		人民币	2015.2.16			0		
02003	00005	数控机—S	平均年限法	在用	一车间	直接购入	生产设备		人民币	2017.9.28			0		
02004	00006	数控机—K	平均年限法	在用	一车间	直接购入	生产设备		人民币	2017.2.22			0		
02005	00007	切割机	平均年限法	在用	二车间	直接购入	生产设备		人民币	2015.6.18			0		
02006	00008	电焊机	平均年限法	在用	二车间	直接购入	生产设备		人民币	2016.9.28			0		
03001	00010	联想昭阳电脑	平均年限法	在用	经理室	直接购入	办公设备		人民币	2017.2.14			0		
03002	00011	联想昭阳电脑	平均年限法	在用	采购部	直接购入	办公设备		人民币	2017.2.14			0		
03004	00013	联想昭阳电脑	平均年限法	在用	财务部	直接购入	办公设备		人民币	2017.2.14			0		
03005	00014	惠普激光打印机	平均年限法	在用	财务部	直接购入	办公设备		人民币	2017.2.14			0		
02008	00015	高压气泵	平均年限法	在用	二车间	直接购入	生产设备		人民币	2018.1.15			0		
03006	00016	联想昭阳电脑	平均年限法	在用	财务部	直接购入	办公设备		人民币	2018.1.20			0		
03007	00017	联想昭阳电脑	平均年限法	在用	财务部	直接购入	办公设备		人民币	2016.1.20			0		
03008	00018	联想昭阳电脑	平均年限法	在用	财务部	直接购入	办公设备		人民币	2018.1.20			0		
合计															

任务提示　01固定资产列表

题型三　文档

题型四 产成品成本计算表

已知产成品成本计算采用品种法，存货计价方法月末一次加权平均、顺算法。

制造费用分配表F1

			2019年2月
产品名称	工时分配	分配率	分配金额
台式电脑GD	300		
笔记本电脑GM	700		
合计	1000		48600

电费分配表F2

			2019年2月
产品名称	工时分配	分配率	分配金额
台式电脑GD	300		
笔记本电脑GM	700		
合计	1000		170000

产品成本计算表F3

产品名称	阶段	数量	直接材料金额	直接人工金额	制造费用金额	单位成本	合计总成本
台式电脑GD	期初在产	20	288483	12657	1919	-	
	本期投入	80				-	
	合计					-	
	期末在产品	0				-	
	产成品		-	-	-		
笔记本电脑GM	期初在产	0	0	0	0	-	
	本期投入	100				-	
	合计					-	
	期末在产品	0				-	
	产成品		-	-	-		

任务提示 | 01产成品成本计算表 | 02发出材料汇总表 | 03薪资费用表 | 04库存台账

发出材料汇总表H1

序号	领料单编号	领用日期	生产产品名称	存货名称	型号	单位	数量	单价（元）	金额（元）
1	LL—190201	2019年2月1日 星期五	台式电脑GD	处理器	i9-9900k（4.70GHz/16MB/8核）	个			
2	LL—190202	2019年2月1日 星期五	台式电脑GD	高性能主板	Z390	个			
3	LL—190203	2019年2月1日 星期五	台式电脑GD	机械硬盘	1T黑盘WD13FZEX	个			
4	LL—190204	2019年2月1日 星期五	台式电脑GD	静音电源T1	RM750X	个			
5	LL—190205	2019年2月1日 星期五	台式电脑GD	静音机箱x1	H500P	个			
6	LL—190206	2019年2月1日 星期五	台式电脑GD	内存条	DDR4-4000 16GB	个			
7	LL—190207	2019年2月1日 星期五	台式电脑GD	显卡	RTX2080TI	个			
8	LL—190208	2019年2月2日 星期六	台式电脑GD	显卡一体式水冷散热器	TITAN-X	个			
9	LL—190209	2019年2月2日 星期六	台式电脑GD	处理器	i9-9900k（4.70GHz/16MB/8核）	个			

任务提示 | 01产成品成本计算表 | 02发出材料汇总表 | 03薪资费用表 | 04库存台账

题型四 文档

题型五　产品销售收入汇总表

产品销售收入汇总表

请你根据销售收入汇总表B1（2月26日），完成下列问题的作答。

（一）下列员工2019年2月26日的销售金额为

姓名	金额合计
王娜	
薛萍	
岳亮	
贺剑	
刘淑新	
凌鹏	

（二）请利用Excel技巧将下表门店收入统计填充完整

各店渠道	金额合计
番禺区	
二店	
线上	
三店	
线下	
一店	
线上	
线下	
海珠区	

任务提示　01答题区域　02整理后的题面

题型五　文档

题型六　区域净利润目标达成率分析

区域净利润目标达成率分析

请根据广州区域净利润达成率分析表FX1中给出的数据，将表格填充完整，要求结果保留四位小数，以百分比形式显示，其他默认。

（例如1.32565，保留四位小数为1.3257，并设置单元格格式为百分比，其他默认，最终显示结果为132.57%）

广州区域净利润目标达成率分析表FX1（截止到2019年2月28日）

区域	门店	二月净利润	二月净利润目标	本年累计净利润	年度净利润目标	二月净利润目标达成率	年度净利润目标达成率
越秀区	一店	53000	40400	73280	630240		
	二店	43435	37800	73150	589680		
	三店	24940	21200	44720	330720		
海珠区	一店	82140	71400	124860	1113840		
	二店	59670	54600	128505	851760		
荔湾区	一店	31560	26100	66180	407160		
	二店	15220	16600	32620	258960		
天河区	一店	80960	78400	132480	1223040		
	二店	123700	89000	214600	1388400		
	三店	94400	68000	153680	1060800		
	四店	119520	101700	151020	1586520		
白云区	一店	30510	28800	63990	449280		
	二店	20760	20400	44120	318240		
黄埔区	一店	10150	10000	21330	156000		
南沙区	一店	18465	12750	30765	198900		
番禺区	一店	22860	20200	32460	315120		
	二店	13815	17100	26070	266760		
	三店	34110	30300	66240	472680		
花都区	一店	8420	8900	19530	138840		
从化区	一店	15100	23400	32360	365040		
增城区	一店	24240	21600	36080	336960		

任务提示　01区域业绩达成率分析表

题型六　文档

题型七　各期收入分析

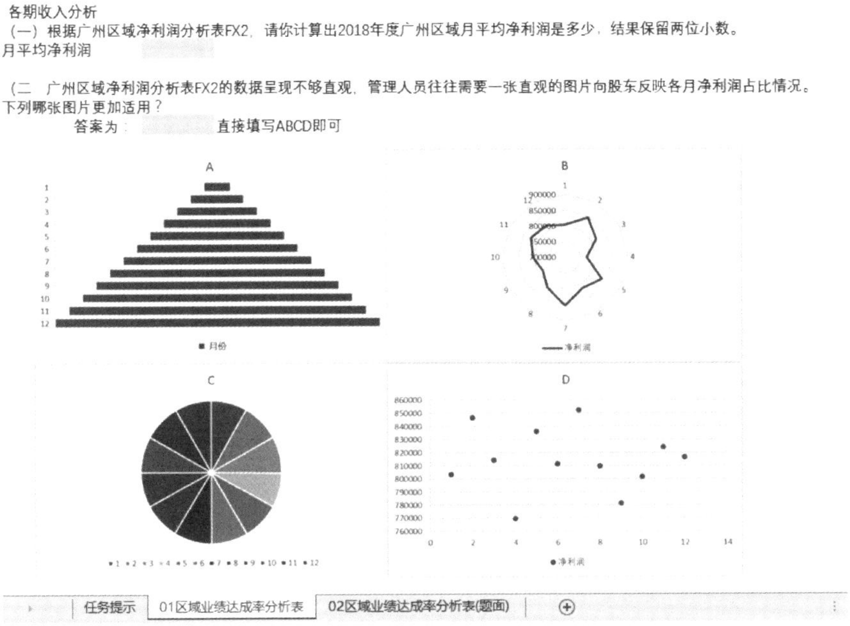

题型七　文档